わたし8歳、職業、家事使用人。

日下部尚徳（東京外国語大学）―著

特定非営利活動法人シャプラニール＝市民による海外協力の会
藤崎文子＋京井杏奈＋藤岡恵美子―執筆協力

世界の児童労働者
1億5200万人の
1人

合同出版

46年の長きにわたりバングラデシュの貧困と戦い続ける
シャプラニール＝市民による海外協力の会と、その活動を支えたすべての人びとに敬意を表して

この本を読むみなさんへ

「お母さん、ご飯まだー?」
「お父さん、お風呂が汚れてるー!」

人が生きていくために毎日やらなければならない「家事」。掃除に洗濯、料理に食器洗い、夕食の買いものにも行かなければなりません。家族が多いと、その仕事量は何倍にもなります。普段はあまり意識しませんが、学校に行ったり、会社で働いたりするのと同じように、私たちが毎日の暮らしを送るために必要なもの、それが家事なのです。

みなさんの家庭では、だれが家事をやっていますか?

みなさんもお母さんやお父さんのお手伝いをしているかもしれません。しかし、世界には家事をすることで生計を立てている子どもたちがいるのです。
この本の舞台であるバングラデシュには、「家事使用人」の子どもたちが42万人いるといわれています。よその家の家事をするために「メイドさん」として働いているのです。そのうちの80%は女の子で、大半は親と離れて雇い主の家に住み込みで働いています。

この女の子たちは、どんな毎日を送っているのでしょうか？
学校には行っているのでしょうか？
お母さんやお父さん、きょうだいには会えるのでしょうか？

この本で紹介する、10歳にも満たない子どもたちが働いている、という児童労働の現実は、遠い国の悲しい物語ではありません。日本から1日足らずで行ける同じアジアの国、バングラデシュで、そして世界中の国ぐにでいまこの瞬間に起きていることなのです。

1日中、雇い主のために働いている子どもたちの生活を通して、児童労働の問題の解決のために私たちになにができるのか、みなさんと一緒に考えてみたいと思います。

日下部尚徳

◎もくじ

＊本文の人物名はすべて仮名です。
また、写真と本文は関係ありません。

写真提供：シャプラニール、綿貫竜史、大角麻亜紗、日下部尚徳
図表作成：Shima.
組　版：合同出版制作室
装　幀：守谷義明＋六月舎

■この本に出てくる国と地域

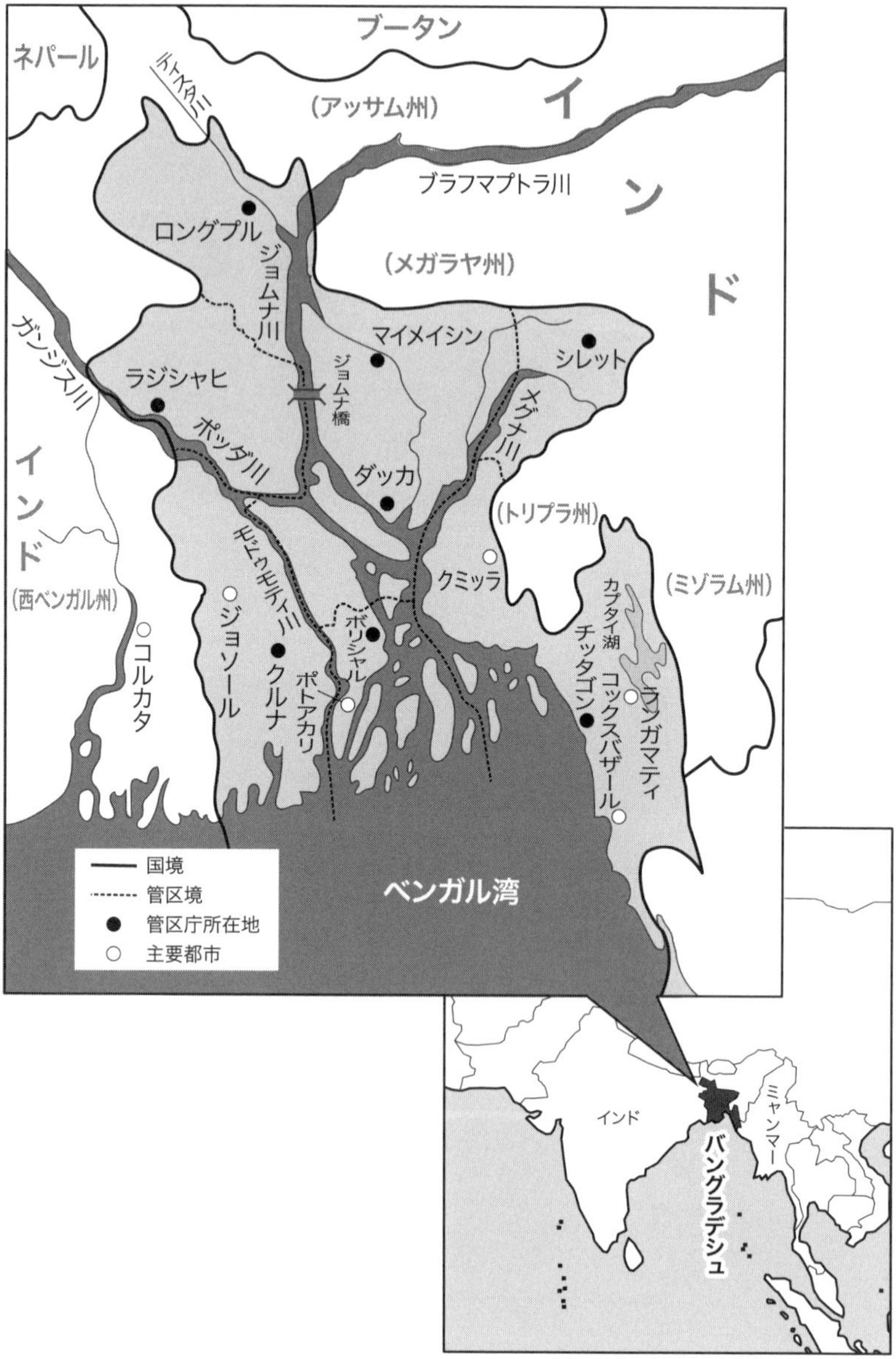

第１章　家事使用人として働く３人の女の子

雇い主の子どもの世話をする11歳のルビナちゃん

ルビナちゃん（11歳）は、8歳から家事使用人として働いています。家族が住む家はスラム*の中にありますが、雇い主の家に住み込みで働いています。

ルビナちゃんの雇い主は、銀行で働いており、バングラデシュ*の首都ダッカ市内で中流家庭が多く住む、ミルプールに暮らしています。ルビナちゃんのほかにも、２人のおとなの女性を家事使用人、つまりメイドさんとして雇っています。雇い主は５人家族で、掃除、洗濯、買いもの、食事の支度、子どもやお年寄りの世話など、家の仕事は３人ですべてやっています。

バングラデシュ人の夕食の時間はとても遅く、夜10時ぐらいにならないと終わりません。ルビナちゃんたちは雇い主の家族が食事を終えるまではそばについて、つきっきりでお世話をします。後片づけが終わるまでは夕食を食べられません。

ルビナちゃんには自分の部屋が与えられておらず、雇い主の家の子ども部屋のソファで寝ています。雇い主にもよりますが、女の子に部屋を与えずに台所

＊スラム：貧しい人たちが集まって暮らす地域。途上国の大都市に多くみられる。生活環境、衛生状態が悪く、強制的に住民が追い出されることもある。

＊バングラデシュ：ベンガル語でバングラは「ベンガルの」、デシュは「国」。人口は世界８位、世界で最も人口密度が高い国の１つ。かつてはイギリス領インドで、１９４７年にヒンドゥー教徒教が多い地域はインドに、イスラム教徒が多い地域は東西にわかれたパキスタンとして分離独立した。その後、公用語をめぐって独立戦争が勃発し、東パキスタンがバングラデシュとして１９７１年に独立。西パキスタンは現在のパキスタン。

台所で1人残りものを食べる家事使用人の女の子

首都ダッカにあるスラム。トタンでできた簡素な家が密集し、洗濯物を干す場所もない

の床やベランダで寝かせているケースも多々あります。

ルビナちゃんは11歳なのに学校に行っていません。仕事にさしつかえるので雇い主が学校に通わせてくれないのです。8歳になる雇い主の子どもは学校に通っています。ルビナちゃんは雇い主の子どもを朝学校に送っていったり、夜寝かせる前に話を聞いてあげたりします。

ルビナちゃんに「なにがしたい？」と聞いてみると、「学校に行きたい」「遊園地や動物園で遊びたい」といいます。また、「食べ残しを食べさせられるのはイヤ」ともいっていました。ルビナちゃんは、雇い主の家族が食べ残したものを、それも何日かたってから食べさせられることがあるというのです。

ルビナちゃんの家は同じダッカ市内のスラムの中にあるため、住み込みで働いている家から歩いていける距離に家族が暮らしています。しかしこれは稀《まれ》なケースで、住み込みで働いている女の子の場合、遠く離れた農村*から出稼ぎに来ていることが多く、実家に帰れるのは年に1度か2度、イスラム教*のお祭りであるイード*のときに限られます。

バングラデシュでは、イスラム教のお祈りの日である金曜日と、土曜日が休日で、学校や職場はお休みです。でも、ルビナちゃんには週末の休みもありま

＊バングラデシュの人口の62％は農業で生計を立てており、70％以上の人びとが農村に暮らしている。

＊イスラム教：世界で2番目に信者の数が多い宗教。世界に16億人以上のイスラム教徒がおり、年々その数は増えている。唯一神アッラーを信仰しており、1日5回決まった時間に、サウジアラビアのメッカの方向を向いてお祈りをする。ほかにも、お酒を飲むこと、豚肉を食べること、女性が肌を見せることの禁止など、さまざまな決まりがある。

＊イード：イスラム教の祝祭。1年に2度おこなわれ、イスラム暦10月の「断食明けの祝祭」（48ページ参照）と12月の「犠牲祭」（49ページ参照）がある。どちらも1週間ほどあり、イスラム教を信仰する人びとにとっては大切な行事。

掃除機を使っている家庭は少なく、水拭きは家事使用人の女の子の日課

せん。ルビナちゃんたち使用人は、朝から晩まで週7日間、休みなく働きつづけます。雇い主の家で寝起きをしているので、いつでも用事をいいつけられるのです。

　ルビナちゃんは、朝6時半から夜中0時過ぎまで、ほとんど休むことなく働いています。決まった休憩時間はありません。夕方の4～6時までの2時間は、時間がとれることがあります。この時間に実家のあるスラムに帰って、親の顔をみて戻ってきます。こんな毎日なので、学校に通うことはできません。

　雇い主の子どもの学校の送り迎えだけではなく、翌日の持ちものの準備もルビナちゃんの役目です。11歳の女の子が、雇い主の子どもの身の回りの世話をしているのです。ルビナちゃん本人もその境遇を「あんまりだ」と嘆《なげ》かないわけではありません。それでも生きるためにはしかたがないと自分にいい聞かせながら働いています。ルビナちゃんのような女の子が*、バングラデシュだけで33万人もいるのです。

＊バングラデシュでは、家事使用人として働く子どもが42万人おり、そのうち8割が女性、2割が男性となっている。

■家事使用人として働くルビナちゃんの1日

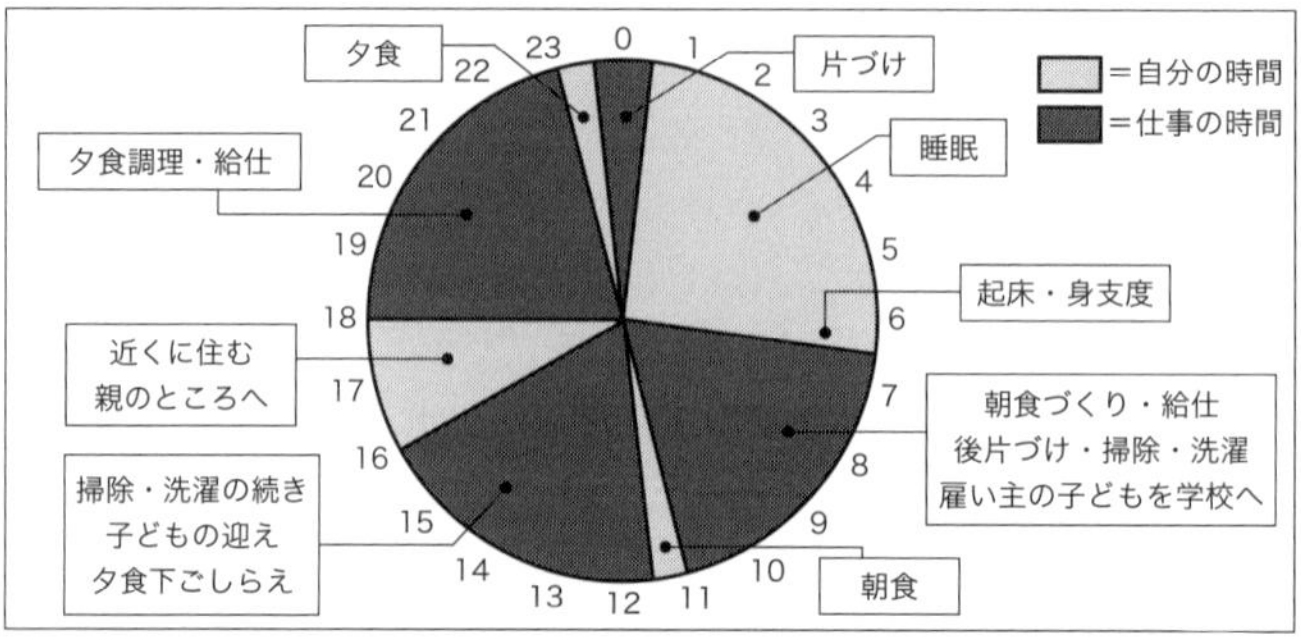

8歳で家事使用人になったジュマルさん

ジュマルさん（17歳）は、生後7カ月でお母さんを亡くしました。その後お父さんは再婚し、ジュマルさんたち4人のきょうだいを置き去りにして、インドのコルカタ*に行ってしまいました。ジュマルさんには、お兄さんが2人、お姉さんが1人いて、きょうだい4人でバングラデシュ南部のポトアカリ県のおばさんの家で暮らすことになりました。近くの小学校に入学しましたが、生活が苦しくなり、8歳のときにダッカに家事使用人として出されてしまいました。

ジュマルさんの雇い主は、いまはダッカに住んでいますが同じ村の出身です。村ではジュマルさんの面倒をみてくれる人がいないため、ダッカで成功した人を頼って1人で出されたのです。お兄さんのうち1人は大工、もう1人は薬局で働き、お姉さんはお店の販売員をして、おばさんの家計を助けています。

ジュマルさんの仕事は、はじめは雇い主の幼い子どもの遊び相手でしたが、

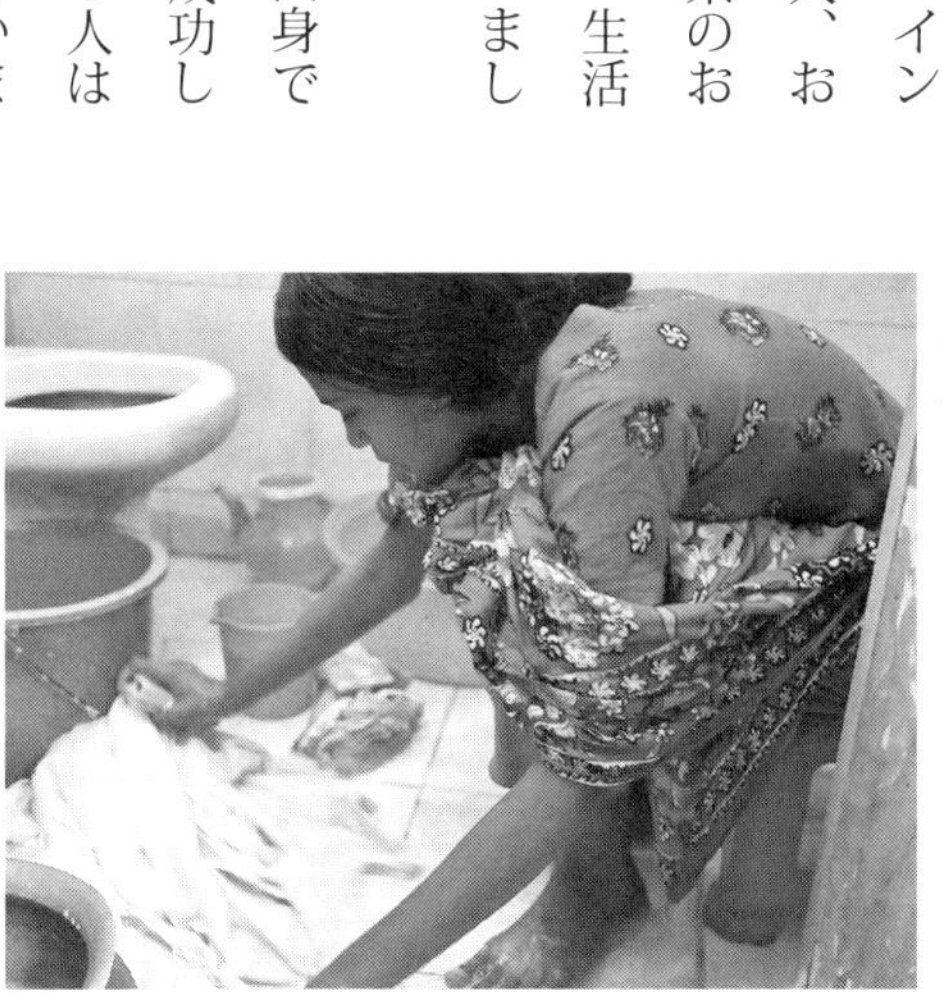

●手洗いなので、家族全員分の洗濯は一番の重労働

*コルカタ：インド東部にある都市で、バングラデシュと同様にベンガル語が話されている。インドでは、デリーとムンバイに次ぐ3番目に人口の多い大都市である。

だんだん仕事の量が増え、9年目になるいまでは、掃除や料理もしています。雇い主は、ジュマルさんに毎月の給料を渡さずに、将来の結婚のために貯めているといっています。ジュマルさんが自由に使えるお金はなく、いくら貯まっているのかも知りません。もし雇い主の仕事がうまくいかなくなったら、貯まっているというお金を使われてしまうかもしれません。きちんとした契約関係がないので、金額がごまかされていたとしても確認することができません。

それでも、ジュマルさんの雇い主は比較的理解のある人で、家事使用人の子どもを対象とした支援センター*に通うことを許してくれています。この支援センターはＮＧＯが運営していて、友だちをつくったり、文字の読み書きや計算、仕事の仕方を学んだりすることができます。

ジュマルさんは15歳の頃からこの支援センターに通っており、最近は染めものやペーパークラフト、アクセサリーづくりも学んでいます。将来は、結婚をして食品販売の仕事をしたいと考えています。このセンターで友だちと話したり、学んだりすることで将来を考える余裕が出てきたのです。

しかし、17歳になるいまでも、学校には通えず、深夜まで働かなければいけない状態は変わりません。それでも仕事が終わったあとに、30分の勉強時間を

＊支援センター：家事使用人の女の子が勉強や家事の仕方を学ぶ場所として、２００６年に設立された。現地ＮＧＯフルキが運営し、シャプラニールがサポートしている。ベンガル語の読み書き、算数などの基本的な勉強、料理や裁縫などの教室に加え、歌や踊り、スポーツなどの遊びの時間もある。93ページ参照。

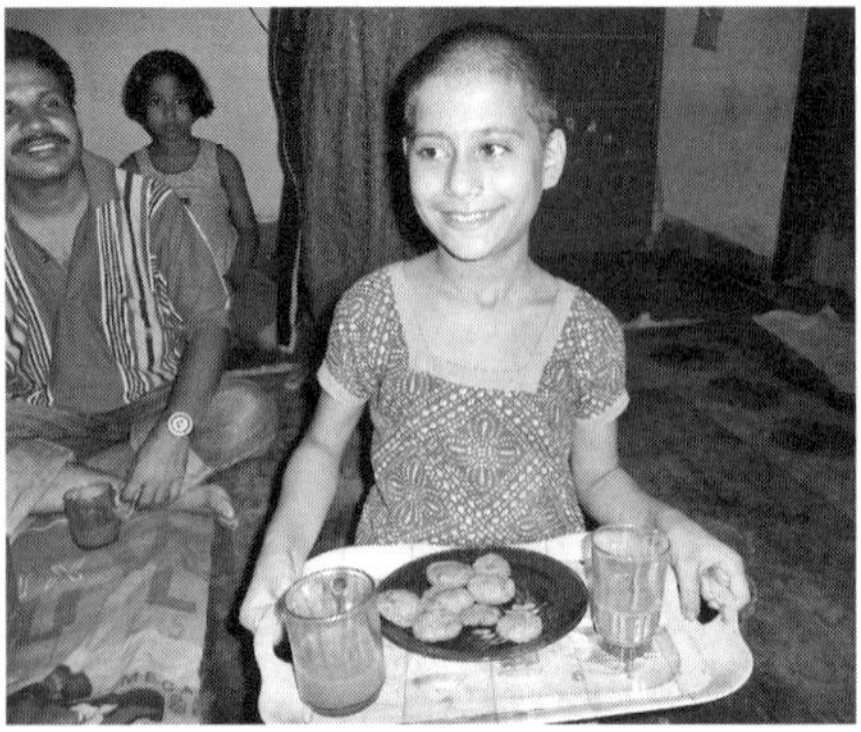

●雇い主にお茶を運ぶ家事使用人

設けているジュマルさんのがんばりには、心を打たれます。

バングラデシュにも、小学校の義務教育制度*や労働者の権利を守る労働法があります。しかし、貧しくて学校に通えない、児童労働を規制する法律を守らないなどの理由から、家事使用人の女の子の権利が守られていないのです。

13歳で雇い主に性的いやがらせを受けたベグンさん

バングラデシュの大都市チッタゴンの路上で暮らしているベグンさん（16歳）は、セックスワーカー*をしています。ベグンさんは、家が貧しかったため、13歳の頃、近所のおばさんの紹介でお金持ちの家に連れていかれ、その家に住み込みで働くようにいわれました。

しかし、雇い主が何度もベグンさんにいやらしいことをしようとしたので、耐えきれずお母さんにそのことを話し、仕事をやめて村に帰りました。村に帰ってしばらくすると、親せきや村の人たちの間で、ベグンさんが「働いていた家でレイプされた」というウワサが流れはじめ、村の人たちが白い目でみるようになりました。そんな事実はなかったのですが、「火のないところに煙は

＊バングラデシュの義務教育制度：初等教育の5年間（6～10歳にあたる）は無償教育で、貧しい家の子どもが学校に通う場合には、政府から奨学金が支給される。女子は8年生まで無償で、進学する場合には奨学金が受けられるなど、男子よりも手厚い支援がある。政府の努力もあり、初等教育の就学率は90％を超えるが、中学校の就学率は50％程度にとどまっている。

■バングラデシュと日本の義務教育制度のちがい

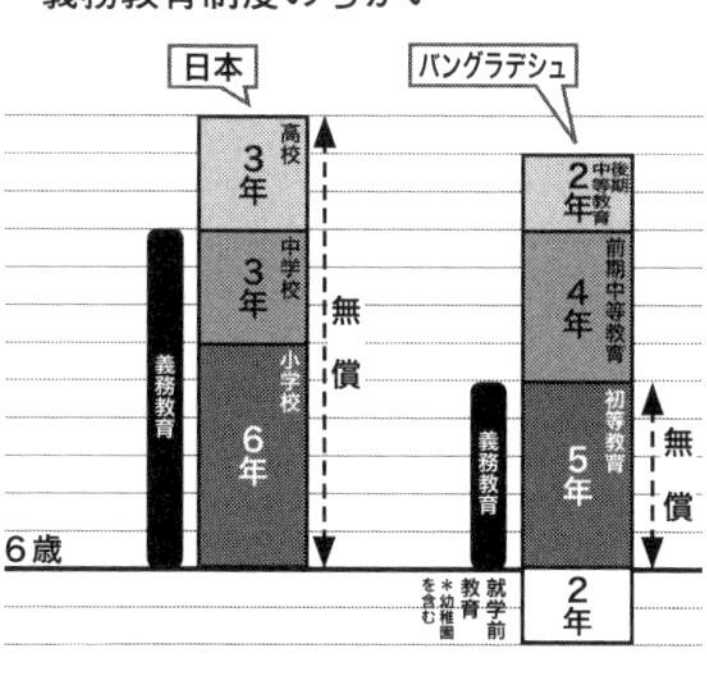

＊セックスワーカー：職業として性的な行為をする人。性別は問わない。体の接触をするだけではなく、性的行動を撮影させたり、性的パフォーマンスをしたりするなど、働き方はさまざま。

立たない」とばかりに、ウワサが一人歩きし、両親さえもベグンさんを疑いの目でみるようになりました。

バングラデシュの農村では、結婚するまでの女の子の「純潔」を重視する人が多くいます。女の子が性的被害に遭った場合、家族や親せきの間でウワサになり、被害者にもかかわらず村に居場所がなくなってしまうことがあります。

そのため、女の子たちが、「自分の人生はもう終わりだ」と絶望してしまうケースがあとを絶たないのです。雇い主に性的乱暴を受けたというウワサを流されたベグンさんは、村にいることが耐えきれず、家にあったお金を持ち出して、家出をしてしまいました。

「もう村には絶対に戻らない。親も親せきも許せない。いまはひどい生活だけど、私はだれの助けも借りずにこうやって1人で生きていくつもり……」

チッタゴンの路上でホームレスになったベグンさんの言葉は、やさしい口調や眼差し、かわいらしい顔かたちとは裏腹に、はげしい怒りに満ちていました。

家事使用人の女の子たちの願い

朝から晩まで働く女の子たちには、自由な時間がありません。「いま一番したいことは？」という質問に対して、11歳の女の子ルビナちゃんが答えた、「動物園に行きたい、遊園地に行きたい」という言葉には胸を衝《つ》かれます。

家の中で仕事をしている女の子は、買いものなどをいいつけられて、外出する機会を心待ちにしていますが、雇い主は「外に出るとなかなか帰ってこない」「安全のため」といって外に出したがりません。女の子を危険から守るためといって、一家が外出するときには部屋に閉じ込めて、外から鍵をかけてしまう雇い主さえいます。

「村に帰りたい、帰って遊びたい」「お母さんと一緒にいたい」という女の子もたくさんいます。まだ年端もいかない幼い子が親と離れて暮らし、毎日家事に追われているのですから当然です。また、ほとんどの女の子が「学校に行って勉強したい」といいます。雇い主の子どもはもちろんのこと、同世代の多くは学校に通っている年齢です。なぜ私だけ学校に行けず働かなければいけない

●バングラデシュの母と娘。子どもの幸せを願う母の思いは万国共通

のかと、自分の置かれた状況を嘆いたとしても不思議ではありません。

バングラデシュでは、何年生まで卒業したのかによって、就ける仕事が変わってきます。読み書き、計算ができればもっと収入のよい仕事に就いて、いまよりはましな生活を送れるかもしれません。おとなになってから自分の子どもを働きに出すようなこともしなくてすむかもしれません。教育の重要性を女の子たちは十分に理解しています。学びたくても学校に行けないという境遇は、女の子の将来に対するかすかな望みも打ち砕いてしまうのです。

そのほかにも、「テレビを見たい」という声もたくさんありました。雇い主としては、使用人がテレビをみて仕事をしないのはもってのほかなのかもしれませんが、楽しみのない女の子にとって、テレビドラマをみたり、歌を聞いたりするのは、ささやかながら「切なる願い」なのです。

第2章　女の子が家事使用人になる3つの理由

女の子が働きに出るのはなぜ?

家事使用人の仕事が過酷で、学校にも行けないのがわかっていながら、なぜ親は女の子を働きに出すのでしょう。女の子はどのように納得して、働きに出るのでしょうか? 貧しいからといって、すべての子どもが働きに出るわけではありません。複雑にからみあった児童労働*の問題を、バングラデシュの家事使用人の例で考えてみましょう。

理由❶ 農村の貧困

「子どもにも働いてもらわないと食べていけないから」というのが大きな理由です。農村では収入が少ないために、子どもを長時間働かせたり、食費や生活費を減らすために、家から働きに出す例があとを絶ちません。

バングラデシュの農村地域では、子どもが3人、4人いる大家族がめずらしくなく、全員を学校に通わせるのは大変です。また、上の子が弟や妹の世話を

＊児童労働：国連の「児童の権利に関する条約」により、18歳未満は子どもと定義されており、子どもの成長をさまたげるような労働を児童労働という。73ページ参照。

●農村の市場でニワトリやヤギを売る少年

衛生状況の悪いスラム

するために学校に行けないということもあります。バングラデシュでは、一般的に男性のほうが責任ある地位につきやすく、* 生活に少し余裕がある場合には、男の子を優先させて学校に通わせたいと思う親が多くいます。

また、農村の仕事は畑仕事や家畜の世話といった力仕事が多いことから、男の子を家に置いておくことが多いのです。その一方で、女の子は結婚するまで家の「お荷物」という差別意識が根底にあることもあり、きょうだいの多い家庭では女の子の教育費を惜しんで学校に通わせなかったり、よその家に働きに出してしまうのです。

ここで、バングラデシュという国の地形的な特徴と貧困の関係をみてみましょう。下の地図をみてください。バングラデシュの国土には3本の大河*がインドから流れ込んでいて、国の真ん中で合流しています。この3本の大河が大陸の奥地から土砂を運んできてできた土地*にバングラデシュの人びとは暮らしています。

河川の浸食で削られた土は別の場所に運ばれて堆積《たいせき》し、新たな土地が生まれることもあります。100メートルも幅のある川の真ん中にチョールと呼ばれる中洲《なかす》ができると、この新たな土地に土地をもっていない人びとが移住してき

*市場や露店をみても、売る人、買う人のほとんどが男性。イスラム教の影響もあり、とくに農村部を中心に女性は家にいるべきという慣習が残っている。

***バングラデシュの3本の大河：** 国土の大部分はベンガル湾に面した河口デルタの低地。国の中心をほぼ南北に流れるジョムナ川、西から流入するポッダ川、北東から流入するメグナ川の3つの大河がある。肥沃な土地で水田稲作に適しているが、しばしば大規模な洪水に見舞われる。

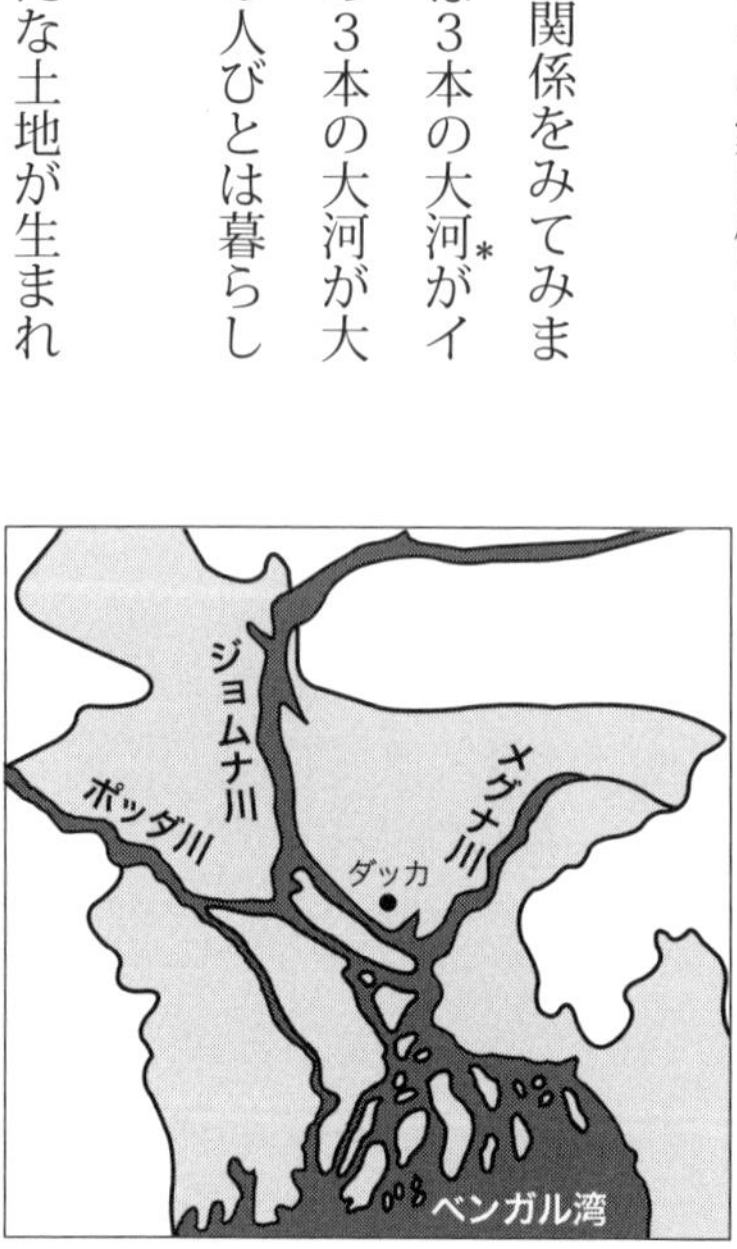

*海抜が低いため、サイクロンの高潮被害が大きい。大河の流域では岸壁が削られたり、土砂が運ばれて地形の変化が起こる。

スラムに住みながら使用人として働く女の子とお母さん（左）とおばあさん（右）

スラムの共同台所はみんなの情報交換の場

て、農地にしたり家を建てたりします。

河川浸食で新しく生まれた土地には防潮堤や避難所などの災害対策が十分ではないので、洪水やサイクロン（台風）がやってくるたびに深刻な被害に遭います。川の中洲に住む人びとはもともと土地をもたない貧しい人びとなので、洪水によって家や家畜が流されてしまうと、とたんに暮らしに行き詰まってしまいます。このことが女の子を働きに出すきっかけになることも少なくありません。

5月と11月がサイクロンのシーズンにあたり、巨大なサイクロンが上陸すると津波のような被害を引き起こす高潮が発生します。歴史的に大きかったサイクロンの被害では、１９７０年に50万人、１９９１年には14万人、最近では２００７年に４０００人の人が亡くなっています。

農村では家族を養うだけの農地をもっていなかったり、現金が得られる仕事がなかったりするので、洪水やサイクロンなどの自然災害に遭うと、一家で、同郷者や親せきを頼ってダッカなど大都市のスラムに出てくるケースがあります。大都市では、父親がリキシャ*でお金を稼ぎ、母親も家事使用人になって、家族を養うというパターンがよくみられます。父親が病気がちで稼ぎが十分で

●大河を舟で移動するのは日常的な光景

＊リキシャ：自転車に2人乗りの荷台を取りつけた乗りもの。特徴はとても色鮮やかなデザイン。

2007 年のサイクロン「シドル」でつぶれてしまった家

はなかったりすると、母親が働いてもスラムの家賃が払えないために、子どももお金を稼ぐ必要がでてきます。

理由❷ 結婚するときに女性の家から贈りものをする習慣

バングラデシュでは、結婚するときに、女性の家から男性の家に、お金や物品、家畜などを送るダウリ*（結婚持参財）という習慣があります。ダウリが払えなかったり、その額が不十分だと、女性が夫の家で肩身の狭い思いをすることがあります。また、近年の経済成長にともない金額も増加しています。幸せな結婚を実現するために、早くから家事使用人として働かせて、ダウリのお金を貯めさせたいと思う親がいるほどです。

中には男性側が、ダウリが少ないことを理由に離婚したり、ダウリをもっと得たいがために、何度も離婚をくり返したり、重婚したりするケースも報告されています。悲惨なケースでは、ダウリを受け取った後、新婦が殺害されるという事件も起きています。台所で新婦の着ている服に火が燃え移るといった家庭内の事故や新婦の自殺は、男性側の親族によるダウリ目的の殺人ではないか

＊ダウリ：結婚時、結婚前、あるいは結婚後に、女性の家から男性の家に直接的または間接的に財産を与えること。もともとは裕福なヒンドゥー教徒の習慣。インド社会だけでなく近隣諸国にも広がり、バングラデシュでは1970年頃から徐々に慣習化された。

＊ダウリ禁止法：「ダウリ」を禁止した法律。ダウリを与えた者は、受け取った者と同様に罰を受ける。しかし、結婚時の純粋な贈りものとの区別が明確ではなく、自発的か強制的かを判断することができないため、ダウリを法律で取り締まるのはむずかしい。バングラデシュでは、1980年に制定。刑罰は最長5年もしくは最大5000タカ（約600円）、あるいはその両方。

と疑われることもあります。１９８０年、バングラデシュでは「ダウリ禁止法＊」が制定されましたが、社会に根づいた習慣は、法律による取り締まりだけでは変えられません。

下の表をみてください。２０１６年にはダウリが原因で２３９人の女性が暴行を受けたと報道されました。悲惨な事件が起きているにもかかわらず、訴訟にまで発展したケースはそのうち95件しかありません。事件が家庭内で起こっているので、メディアで報道されたものはほんの一握りと考えられています。

バングラデシュ社会における女性の地位が相対的に低いことや、貧しくてダウリが十分に払えなかった自分たちが悪いのだからという自責の念、裁判費用が出せないなどの理由から、事件は表に出てこず、裁判になるのは稀なのです。ダウリが原因の女性への暴力は看過することのできない問題です。

理由❸　使用人労働への期待と斡旋《あっせん》業者の存在

貧しい親元で暮らしているよりは、子どもが裕福な雇い主の家で家事使用人をしたほうがよいと考える親もいます。家事使用人として雇ってもらえれば、

■ダウリ（結婚持参財）が原因の女性への暴力件数（2016 年）

年齢／暴力の種類	13～18 歳	19～24 歳	25～30 歳	30 歳以上	その他	総　計	訴訟件数
身体的暴行	3	24	17	3	61	108	34
嫁ぎ先からの逃亡					1	1	
身体的暴行後の自殺		2	2			4	
身体的暴行後の殺害	7	45	22	10	42	126	61
総　計	**10**	**71**	**41**	**13**	**104**	**239**	**95**

出典：Prothom Alo, Samakal, Sangbad, Noyadiganto, Daily Star, New Age, Dhaka Tribune and Ain o Salish Kendra（ASK）

「料理や掃除、洗濯の仕事を覚えられ、花嫁修業ができる」「スラムの家にいるよりはよい食べものが食べられる」「教育を受けられる可能性が増える」「スラムの家にいるより雇い主の家のほうが安全」「雇い主が結婚の世話をしてくれる」「食事も寝る場所も与えられ、将来的によい仕事がみつかる」と淡い期待をもつ親も多くいます。

家事使用人の仕事を斡旋《あっせん》する親せきや業者の存在も、問題をより複雑にしています。中には悪質な業者もいて、人身売買のようなことも起こっています。業者の口車にのせられ、雇用条件をはっきりさせないまま、口約束で子どもを預けてしまうこともあります。とくに、洪水やサイクロン、干ばつなどの災害によって急に生活がきびしくなった場合には、斡旋業者のいいなりになって子どもをわずかなお金で渡してしまうケースがあとを絶ちません。

現実には、家事使用人は女の子が希望を見い出せる仕事ではありません。農村部の多くの親は、雇い主のもとで起こる現実を知らないで娘を送り出してしまうのです。送り出した娘とも年に数回会うか会わないかなので、家事使用人として働く女の子の日常もわかっていません。

一方で、大都市のスラムなどに住む親は、女の子が朝から晩までこき使わ

●2007年のサイクロンによって全壊した家屋。高潮によって家も家財もすべて流されてしまった

れ、食べ残しを食べさせられ、熱が出ても横にもなれずに働いていることを知っており、家事使用人がいかに大変で、明るい未来が待っているわけではないことをわかっています。しかし、親自身が食べていくのが精一杯で、家事使用人以外に労働の選択肢もないことから、せめて娘が雇われた先で幸運を拾うことを願うしかないのです。

どちらにしろ、心から子どもの幸せを願う親が、少ない情報から選択した結果が、家事使用人として送り出すことなのです。NGOが運営する支援センター*に相談で訪れたある母親は、「4人いた子どものうち2人の息子を養子に出し、残った息子は学校へ、娘は家事使用人として働かせている。子どもたちを手放したくなかったがどうしようもなかった……」と泣き出しました。

支援センターを運営するNGOが、保護者に「女の子にどんな支援をしてほしい?」と聞き取り調査をしたことがあります。「ミシンを使えるように訓練してほしい。ミシンが使えれば縫製《ほうせい》工場*で働ける」という答えがたくさん出てきました。縫製工場での労働も過酷ですが、家事使用人に比べれば収入も多く「格段によい仕事」と思われています。子どもを愛する親の気持ちは日本でもバングラデシュでも変わりはありません。

＊支援センター：16ページ参照。

＊バングラデシュは世界の縫製工場といわれ、400万人以上が働くとされる。そのうちの8割が女性で、大半が10～20代。縫製産業は多くの労働者を必要とするため、人件費の安いバングラデシュに外国企業が工場をつくるようになった。

このように、女の子が家事使用人として働きに出される背景はさまざまです。家族のきびしい経済状況に起因するものから、家庭内における女の子の立場が弱いこと、家事使用人労働に対する十分な情報がないことなど、複数の要因が複雑に絡み合って、幼い女の子が1人で働きに出される状況が生まれます。

問題の解決のためには、これらの要因を1つひとつ解決する地道な取り組みが必要です。お金や教育を提供する支援だけでは解決できないことが、この問題が長らくバングラデシュで放置される原因になったといえます。

■女の子が家事使用人として働かざるを得ない背景

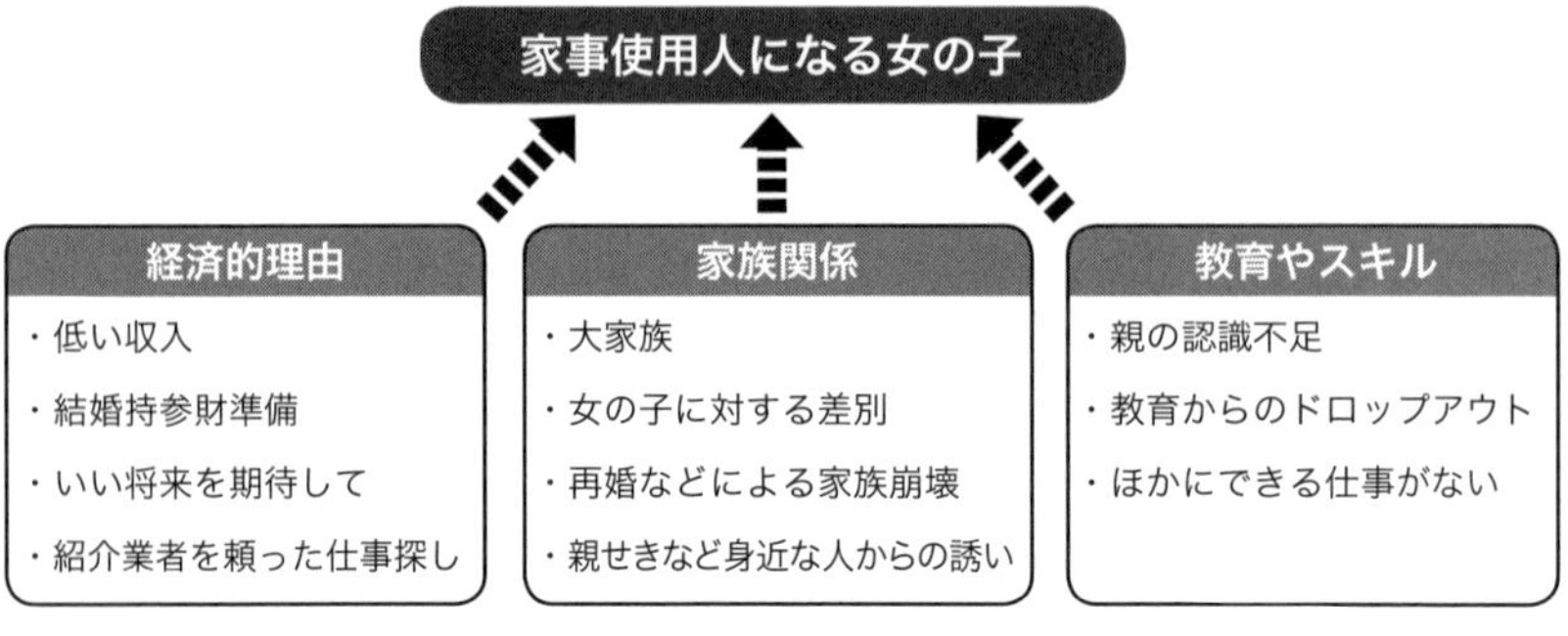

第3章　幼い女の子を雇う6つの理由

おばあさんも家事使用人だった姉妹

バングラデシュでは、6～10歳までは義務教育なので、この年齢の子どもを学校に行かせずに働かせると法律違反になります。制度があるにもかかわらず、なぜお金持ちで社会的な地位がある人びとが10歳くらいの幼い女の子を家事使用人として雇うのでしょうか。

サエダさん（55歳）の家は、ラリタさん（18歳）、シータさん（17歳）、タフミナちゃん（10歳）の3人の家事使用人を雇っています。サエダさんの夫は政府の役人で、2人の息子が私立大学に、一人娘は短大に通っています。

一方、家事使用人のラリタさんとシータさんは1歳ちがいの姉妹で、雇い主のサエダさんと故郷が同じです。実は、ラリタさんたちのおばあさんも、その昔、サエダさんの両親の家で家事使用人として働いていました。つまりラリタさんの家の女性は、代々家事使用人として働いている家系なのです。

18歳になったラリタさんが結婚のために村に戻ると、残された妹のシータさんに、雇い主のサエダさんは月2000タカ*（約2800円）の給料を払うこ

●1つの家で働く2人の女の子

＊タカ：バングラデシュの通貨。1タカは約1・4円（2018年現在）。

とを約束しました。給料は、シータさんに直接ではなく、両親に４カ月ごとに支払われています。

雇い主のサエダさんは、家事使用人は同じ故郷の出身者がいいと考えています。気心の知れない人はなにをするかわからず危険なうえ、すぐに仕事をやめてしまうと考えているからです。また、紹介業者から紹介された家事使用人も信用できないと考え、代々家事使用人をしている家の女性や、故郷からの出身者を雇っているのです。

サエダさんは、女の子を雇う理由を、「子どもの家事使用人は、作業が早いので助かります。それに、家族を養う責任もありません。幼い女の子はダッカの都市をみたことがないので、喜んできてくれます。大都市への好奇心があるのでしょう。一方で、おとなの家事使用人はいい仕事があれば転職することも多く、長くつづけてくれないことが多いです。だから私はいつも家事使用人には幼い女の子を雇うことにしています」と話しました。

家事使用人は小学3年生

ダッカに住むフォウジアさん（50歳）の夫は、数年前に病気で亡くなりました。25歳の息子は携帯電話販売店で働いており、娘は13歳で中学生です。フォウジアさんの家には、10年間住み込みで働いたベテランの家事使用人がいましたが、家庭の事情でやめてしまいました。代わりの使用人を探していたところ、親せきがナヒダちゃん（10歳）を紹介してくれたのです。

ナヒダちゃんはフォウジアさんと同じ村の出身です。実家は農家で、お父さんが畑仕事をして、お母さんは縫製工場で働いています。3人姉妹で、お姉さんも縫製工場で働き、妹は小学2年生です。昼間は家にだれもいなくなり、ナヒダちゃんの面倒をみてくれる人がいないので、両親はナヒダちゃんを家事使用人として家から出すことを考えていました。この話を聞いたフォウジアさんは、ナヒダちゃんを学校に行かせることと、月500タカ（約700円）の給料を払うことを両親に約束し、家事使用人として雇いました。

ナヒダちゃんは小学3年生として学校に通いながら、家事使用人として働くことになりました。ナヒダちゃんにとってフォウジアさんは、学校にも行かせてくれる親切な雇い主です。それでも、お母さんが恋しくて村に帰りたくなったり、村の友だちと遊びたくなったりすることもあります。フォウジアさんは、女の子を家事使用人として雇う理由について、つぎのようにいいます。

「女の子は作業をとても早く終わらせてくれるし、仕事を覚えるのも早いです。おとなの家事使用人は、雇い主が年下の場合にはなかなかいうことを聞いてくれません。また、ケガや病気の治療費、家庭の問題、親せき付き合いなど、さまざまなことにお金がかかり、私たちが負担することになります。おとなの家事使用人の給料は高いのです。また、結婚や恋人との駆け落ちなどをされては困るので、若い女性の家事使用人は雇いたくないです。息子がいるので、若い家事使用人と面倒なことになってほしくもありません」

幼い女の子が雇われるのはなぜ？

みなさんは２人の話を聞いてどう思いましたか？　女の子をこき使ってひどいと思った人もいたのではないでしょうか。

●雇い主の子ども（左２人）と、使用人として働く女の子（右２人）

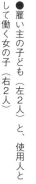

実は、インタビューに応じてくれた2人の雇い主は、家事使用人の女の子の置かれた境遇にそれなりの理解がある人たちです。サエダさんは、比較的高い給与を払っており、NGOが開いている支援センターの教室に通うことも認めています。一方のフォウジアさんも、家事使用人が働きながら小学校に通うことを許しています。それでも、2人は家事使用人として、10歳の女の子を住み込みで雇うことを問題だとは思っていません。幼い女の子を雇う理由にはなにがあるのでしょうか。

■理由❶　安く雇える

家事使用人が子どもであれば、給料が安くてすみます。第4章でくわしく紹介しますが、家事使用人として働く女の子の半数は無給です。つまり、雇い主は女の子の生活費を負担するだけで、1日中働いてくれるお手伝いさんを雇えるのです。寝る場所（台所の隅でも）と食事（家族の食べ残しでも）を与えればよいので、とても安くつきます。そのため、裕福ではない中所得の家でも、女の子を家事使用人として雇えるのです。

●リビングの片隅にある女の子の寝床

■理由❷ 生活スペースが狭くてすむ

子どもであれば、プライバシーを気にする必要がないので、個室や寝床を個別に用意する必要がありません。おとなの家事使用人に比べ、生活空間が狭くてすむため、家に十分な広さがなくても、住み込みの女の子を雇うことができます。バングラデシュの経済成長にともない、都市部の住宅価格が高騰《こうとう》しており、使用人の個室が準備できるほど部屋数が多い家が少なくなってきていることも、女の子が雇われる背景にあります。

■理由❸ 出費が少ない

家事使用人の年齢があがれば、服装や化粧にお金がかかるようになってきます。給料が安い分、雇い主は、日用品を提供することが必要になってきます。また、家事使用人があまりに粗末な服装をしていると、買いもののときやお客さんが来たときなど、世間体がよくありません。また、年齢があがればあがるほど、親への仕送りや人付き合いにかかる費用も増えます。結婚することになれば、それなりのサポートが求められることから、そういった出費の心配がない幼い女の子を雇いたがるのです。

●都会にあるマンションのキッチン。ここで寝起きする使用人も多い

■理由❹　恋愛対象にならない

子どもであれば、家族の男性の恋愛対象になりません。閉ざされた家の中で一緒に生活していると、男女の仲に発展するケースもないわけではありません。おとなも含めると、家事使用人は女性が8割以上を占めていることから、このような心配事が出てきます。

■理由❺　いうことをよく聞く

子どもは判断能力がまだ十分ではないので、雇い主のいうことに異議を申し立てたりせず、いうことを聞きます。また、賃金や労働時間をごまかすことも簡単です。しかし、なぜ怒られているのか、なぜ怒鳴られたのかがわからないので、子どもの心身の成長に大きな影響が残ってしまいます。

■理由❻　子守りに適任

大家族で育った女の子は妹や弟の世話を経験している子が多いことから、子守りにはうってつけです。バングラデシュでは保育園などの施設が十分に整備されていないので、子育ては家でおこなうのが一般的です。しかし、働く女性

●洗濯物をたたむ家事使用人の女の子（右の2人は雇い主の子ども）

家事使用人の女の子にとってスラムで友だちと会うのが一番の楽しみ

が増えてきていることに加え、都市部では親世代が同居していない核家族化が進んでいます。そのため、お小遣い程度のお金で、1日中子守りをして、家事もやってくれる女の子の家事使用人は、とりわけ、母親が働いている共働きの家庭にとっては必要不可欠な存在になっています。

この6つの理由は、雇い主にとって幼い女の子を雇うメリットですが、この6つの理由より深刻なのは、女の子を小学校にも通わせずに雇ってもいいという社会の認識です。「みんなもしている」「貧しい子どもを引き取って、面倒をみてやっている」「よいことをしている」という意識があります。この社会常識が、33万人もの家事使用人の女の子を生み出しているのです。

では、雇い主たちは、女の子の仕事ぶりをどう思っているのでしょうか。「仕事をてきぱきとこなさない」「買いものに行かせるとなかなか帰ってこない」「しかると嫌な顔をする」「お金や食材をムダ遣いする」など、女の子の仕事に対してきびしい意見が出てきます。雇われている女の子の境遇を考えるとあまりにもきびしい感想に驚かされます。10歳前後の女の子に、おとなのように働けというのはとても無理な注文です。まるで女の子の方が一方的に悪いかのようなコメントには、雇う側の優越的な意識が垣間みられます。

■幼い女の子を雇う6つの理由

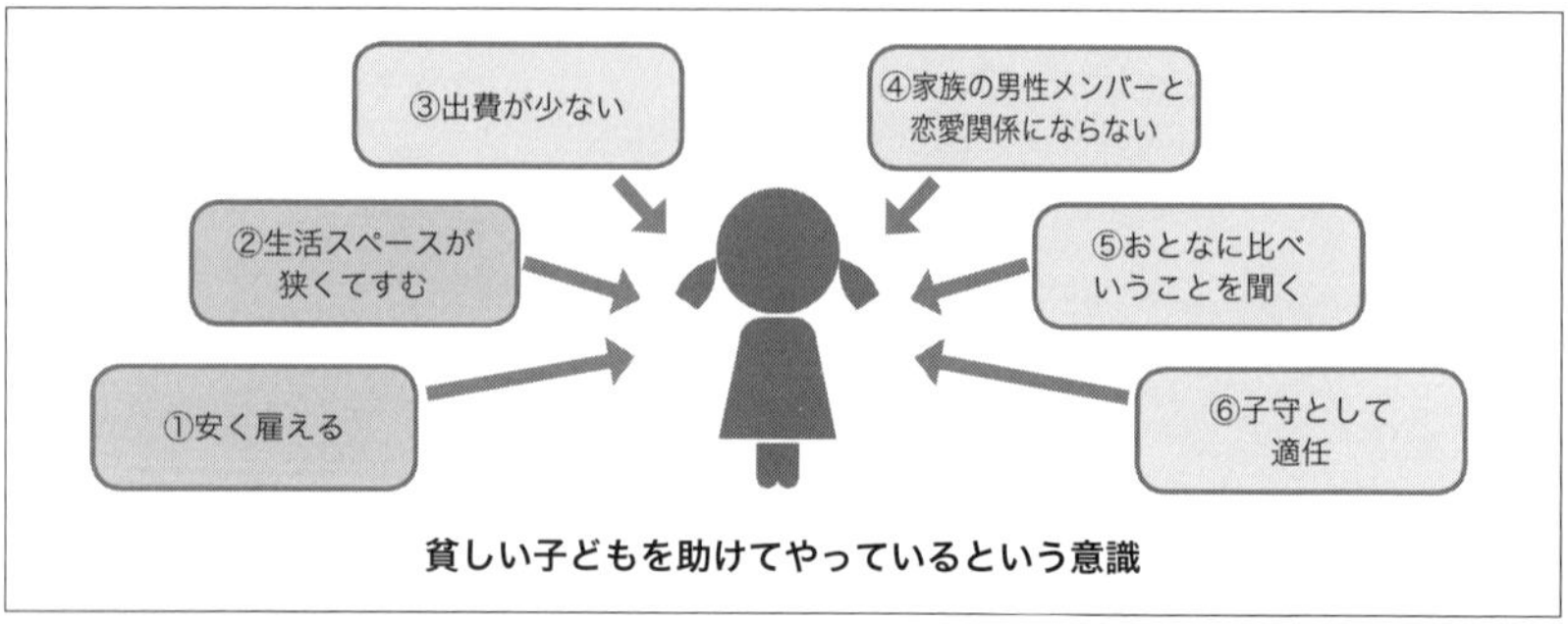

第4章　女の子たちが体験する7つの苦しみ

女の子の過酷な人生

親元を離れて住み込みで働くだけでも、幼い女の子にはつらい経験です。しかし、女の子が家事使用人として働くことの問題が、これまでバングラデシュで議論されることはほとんどありませんでした。

転機が訪れたのは、２０１３年９月、アドリちゃん（11歳）が雇い主から虐待を受け、ダッカ市内のゴミ捨て場から瀕死《ひんし》の状態でみつかった事件が発端でした。発見されたアドリちゃんは、体中から出血しており、アイロンで押しつけられたようなやけどがありました。この事件をきっかけにバングラデシュでは家事使用人が置かれている労働環境や、女の子を働かせることが問題視されるようになりました。

家事使用人として働く子どもたちが抱えている苦しみには、いったいどのようなものがあるのでしょうか。

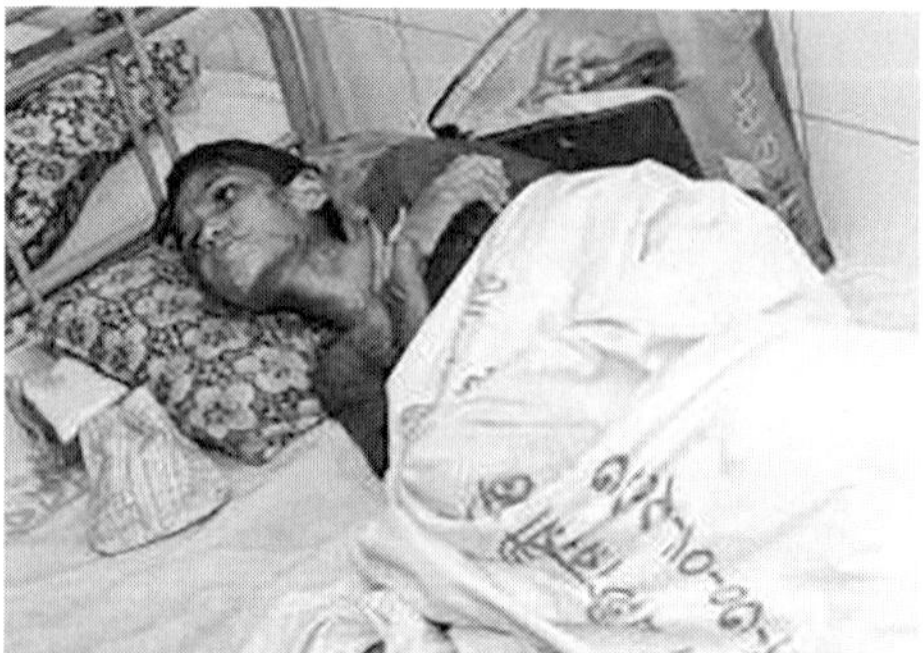

●虐待を受けゴミ捨て場でみつかったアドリちゃん

その❶　低い賃金

家事使用人として働く子どもの賃金は、おとなに比べて半分から3分の1ぐらいが一般的です。住み込みの場合、食事と寝る場所が提供されることと引き換えに、まったく賃金を支払われずに働いている子どもも少なくありません。ＩＬＯ*の調査では、52％の子どもが賃金をもらっていない*、という結果が出ています。貧しい家の子どもを養ってあげているのだから「お小遣いをあげる程度でよい」という考えが常識になっているのです。

女の子の働き先は、同じ村出身の裕福な家庭が多いです。紹介業者の斡旋《あっせん》で仕事をみつける場合が多く、業者自身が同じ村出身である場合もあります。賃金は年齢にもよりますが、月２０００タカ（約２８０円）から高くても１０００タカ（約１４００円）程度*で、食器を割ったり、服を破いたりすると給料から引かれてしまうケースもあります。

バングラデシュでは、卵が大体1個8タカ、ジャガイモ1キロ20タカ、鶏肉は1キロ１２０タカ、お米を買うと15キロ３００タカ、といった具合です。家

*ＩＬＯ（国際労働機関）：世界各国の労働・生活条件をよくするために活動する国際機関。各国の目標となる労働基準を設定し、政府がこれらの取り組みを効果的に実施できるように技術協力や、研修、教育、調査研究をおこなう。

*参考文献　Baseline Survey on Child Domestic Labour in Bangladesh (ILO,2006)

*バングラデシュの主要産業である縫製業での最低賃金は月５３００タカ（約７５００円）程度であることを考えると、使用人として働く女の子の賃金が格段に安いことがわかる。

事使用人の女の子の賃金がどれほど少ないかがわかります。

賃金は、全額を自分で受け取っているケースもありますが、一部だけを受け取るケースや、直接親に支払われるため、自分の給料の額を知らない女の子もいます。さらに、食事や寝る場所が提供されることや、将来の結婚資金を雇い主が出すという口約束と引き換えに、月々の賃金がまったく支払われていないケースも報告されています。

その❷　1日16時間の長時間労働

家事使用人の労働時間は長く、とくに住み込みで働いている場合、朝は雇い主の家族よりも早く起きて朝食の用意、家族の外出の支度、掃除、夕食後の片づけ、と1日中働き通しです。バングラデシュの夕食は遅く、10時頃までつづくこともあり、片づけが終わるのが深夜になるのが一般的です。

朝6時には起床して、朝食もとらずに仕事をはじめ、真夜中まで働き、雇い主の家族が休んでから、最後に寝ます。NGOの調査によると家事使用人の平均労働時間は、1日約11時間でした。年齢があがるほど労働時間は長くなり、

●だれよりも早く起きて朝食の支度をする

15歳以上の子どもでは1日16時間以上働いているケースもあります（14ページ図参照）。これでは自分の時間や、寝る時間を十分にとることさえできません。

ロクサナちゃん（11歳）は、小学校4年生までは学校に通っていましたが、いまは家事使用人をしています。ロクサナちゃんが働いている家では、おとなの家事使用人もいますが、だからといって仕事が減るわけではありません。働き出してから、ロクサナちゃんは学校に行くのをやめざるを得ませんでした。いまは、雇い主の幼い子どもを学校に送り届けることが彼女の役目です。ロクサナちゃんは家事も子守もやっているので、早朝から深夜まで働き詰めです。夜ご飯を食べるのが遅くなるうえ、睡眠時間も短くなります。

家事使用人が寝ている場所も悲惨で、33％がキッチンの隅で寝ていました。リビングで寝ている子が20％、雇い主の子ども部屋の床で寝ている子が20％、驚くべきことに外のベランダで寝ている子が17％でした。これではいくら休んでも十分に体力を回復させることはできません。キッチンで寝ていると、夜、雇い主の男性家族が出入りすることもあります。プライバシーが確保されないだけでなく、女の子の身の安全が保障されていません。

ちなみに、男の子の家事使用人の場合、女の子に比べて、一般的に就寝時間

■家事使用人が寝ている場所

寝る場所	割　合
キッチン	33%
ベッドルームの床	20%
リビング	20%
ベランダ	17%
個室	7%
物置	3%

＊現地 NGO フルキの調査による

が早く、自由時間も多いという調査結果があります。女の子やおとなの女性が家事使用人として同じ家で働いている場合、夕食の片づけなどは女性の仕事になることが多く、男の子は先に寝ることができます。食事づくりは女性の仕事であるといった社会通念が、女の子たちの労働を重くしています。

また、男の子は荷物運びとして雇い主と一緒に市場に出る機会も多く、移動時間などは家事から解放されるため、女の子に比べると実際の労働時間が短い傾向にあります。

その❸　きつい労働の連続

1年のうちもっとも忙しい時期は、イスラム教の断食月（ラマダン）*やイード*の時期です。断食月は日没後と夜明け前に特別な食事を食べます。日没後に食べる食事はイフタールといい、フルーツやナツメヤシなどの胃にやさしいものを食べます。そのあとに普段よりも豪華な夕食として、揚げものや甘いものを家族みんなで囲みます。

さらに、夜中の2〜3時頃に起きて、セヘリと呼ばれる夜明け前のご飯を食

＊断食月（ラマダン）：イスラム教では、イスラム暦9月のラマダン月の30日間、日の出から日没まで食べること、飲むことを禁止している。断食はイスラム教の信仰にとって、最も重要な活動の1つ。ラマダンのときは、仕事も学校も早めに切りあげ、家族とともに日没後の食事や、夜明け前の食事を楽しむ。

＊イード：12ページ参照。

●イードの豪華な食事

べます。ラマダン中は日没までなにも食べることができないので、夜にたくさんのご飯を食べて日中に備えるのです。このように日没から夜明けまでの間に3食用意しなければならないため、家事使用人の仕事も増えるのです。

　イードは年に2回ありますが、犠牲祭であるコルバニー・イード*の時期には、牛やヤギを神への捧げものとして潰《つぶ》し、その肉を近所の人や貧しい人に配る習慣があります。この「肉を切りわけて配る」という作業を手伝わされるのも、女の子たちにとっては大変な重労働です。また、祭りの期間中は訪問客も多くなり、料理や片づけの仕事も増えます。

　女の子たちに、「毎日の仕事で一番つらい作業はなに?」と聞くと、「洗濯」と多くが答えました。バングラデシュの女性の民族衣装のサリー*やサルワール・カミーズ*は、布が多く使われており、洗濯、すすぎ、しぼりは重労働です。都市部でも洗濯機がない家は多く、たくさんの洗濯物を手で洗うのは大変です。また、電力事情が悪く、頻繁に停電が起こることも家事労働を大変にしています。そのほかには、「朝早く起きること」「魚を切ること」「高齢者の介護」などの答えがありました。

　川がたくさんあるバングラデシュでは川魚が豊富で、スパイスで味つけした

＊コルバニー・イード：犠牲祭。牛やヤギを神様に捧げる祭り。家族や親族で牛を買い、さばき、貧しい人にわけ与え、家族で食事を楽しむ。朝の早い時間から解体をはじめて、昼過ぎには親族などへのあいさつ回りに行く。

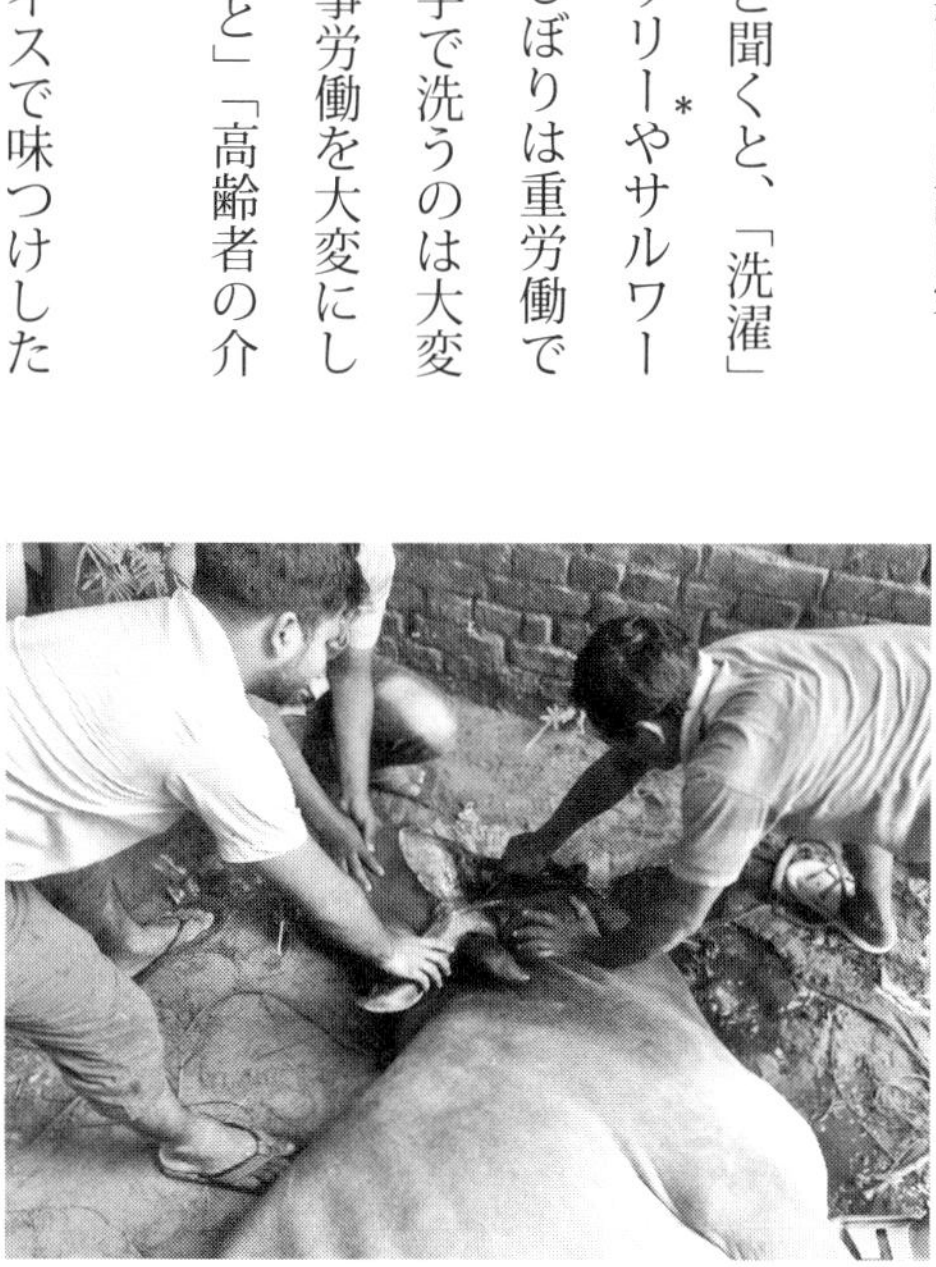

り、カレーの具材にしたりしてよく食卓に並びます。日本のように切り身にしてパックで売っているわけではなく、一匹魚をまるごと買ってきて、切りわけるのです。大きな魚を家でさばくのは、10代の女の子にとっては重労働です。また、雇い主の家族に高齢者や病人がいると、介護の仕事もしなければならず、休みなく働くのはとても大変です。

その❹ 不十分な食事と体調管理

ほとんどの女の子が不満に思っているのが食事です。たいていの雇い主の家では、自分たちが食べる上質の米と家事使用人のための安い米をわけています。それだけでなく、冷蔵庫に何日も保管してあった食べ残しをそれがダメになりそうなときに家事使用人に食べさせることがあります。

「新しいものを食べさせてもらえない。古くなったものばかり」という不満は多くの女の子に共通しています。もちろん、家族同様にきちんとした食事を用意する家もありますが少数派です。朝昼晩の食事が保障されていたとしても、十分な栄養がとれているとは限らないのです。

＊サリー：長さ5～6メートル、幅約1メールの1枚布でできた南アジア地域の女性が着用する民族衣装。細長い布の意味。バングラデシュでは、日常着にしているのは年配の人が多く、若い人たちは結婚式やパーティのときに身につける。

＊サルワール・カミーズ：南アジアの民族衣装。カミーズと呼ばれるシャツと、サルワールと呼ばれるズボンの上下セットを指し、女性はストールを含めた3点セットで着る。バングラデシュの女性は普段着として着ている。

健康について尋ねると、多くの女の子が体調の悪いときに休ませてもらえず、薬をもらって仕事をつづけ、横になることも許されないといいます。体調の変化の大きい思春期の女の子にとっては、とてもつらいことです。

その５　学校に行けない子どもたち

家事使用人の女の子のほとんどは、学校に通っていません。現地のＮＧＯが実施した調査では、だれ一人として学校に通えていませんでした。

小学校１年生までしか学校に行っていなかった女の子や、17歳でも字がまったく読めない女の子、自分の名前しか書けない女の子がいました。毎月給料を受け取ったときにサインをするのですが、なにが書いてあるのかわからない女の子も多くいます。

家事労働で疲れ切った女の子が、勉強する意欲を持ちつづけることは大変なことです。雇い主も学校に通ったり勉強したりするぐらいなら、働いてもらったほうがよいと考え、女の子に学ぶ機会を与えることはほとんどありません。

でも、女の子の側からすると、文字が読めない、書けない、計算ができない

●スラムの路地裏では、昼間でも学校に行っていない子どもの姿が見られる

となると、将来の仕事の選択肢が狭くなります。バングラデシュで女性の就職先として注目されている縫製工場に勤め、ミシンで衣服を縫う仕事をするにも、ある程度の読み書きの能力*が必要となります。店の販売員になったり、自分で商売をはじめるにしても、学力が必要です。教育を受けられない女の子は、社会で生きる道が限られてしまいます。

その❻ 雇い主の暴力

女の子たちが、雇い主やその家族から大声でののしられたり、たたかれたり、耳をひっぱられたり、ひどいときには、熱した金属スプーンを腕に押しつけられるといった拷問《ごうもん》にちかい暴力を受けているケースが報告されています。

2006年に、ダッカの高級住宅地の裕福な家庭で働いていた10歳の家事使用人の女の子が、女性の雇い主からさまざまな拷問を受けた末、マンションの6階から突き落とされるという事件が起こりました。女の子は両足を複雑骨折したものの一命を取り留めましたが、同じ家で働いていた15歳の女の子は突き落とされて死んでしまいました。

＊バングラデシュの識字率は男性約75％、女性約70％（UNESCO Institute for Statistics,2016）。15～24歳の若者に限っていえば男性91％、女性94％（世界子供白書2017）となっており、国全体としては改善傾向にある。

２００９年７月には、南部のコックスバザールで、13歳の女の子が雇い主から10タカ（約14円）を盗んで、そのお金でジュースを買ったことが雇い主にみつかり、体罰を受けました。その結果、意識不明の重体となり、亡くなるという事件がありました。このようなひどい暴力事件を起こす人も、ある程度の社会的地位がある人やその家族であることが多く、家族にとってはやさしいお父さん、お母さん、お兄さんなのです。

バングラデシュの新聞に取り上げられた、子どもの家事使用人に対する暴力事件の件数が、ここ数年で急増しています。２０１６年に雇い主による暴力が原因で死亡した家事使用人は、報道されているだけで40人にのぼります。死亡した40人のうち18歳以下は28人です。自殺も５件報道されており、18歳以下は４人となっています。

雇い主が隠して表沙汰にならないケースが多いことを考えると、新聞に載った事件は氷山の一角です。一般的に家という閉鎖された場所で起こる事件はわかりにくい傾向があります。日本でも家庭内暴力（ＤＶ）は、身内の問題として通報されないか、警察沙汰になったとしても新聞が取り上げるのはよほど深刻、もしくは特別なケースだけです。

■新聞に取り上げられた家事使用人に対する暴力事件（2016年）

年齢 / 暴力の種類	6歳以下	7～12歳	13～18歳	19～24歳	25～30歳	30歳以上	年齢不詳	総計	訴訟件数
身体的暴力	1	8	2		1	2	7	21	12
性的暴行／性的暴行未遂			1				1	2	2
死亡（身体的暴力を含まない）		1	17		4		5	27	11
性的暴行後の殺害			1					1	1
身体的暴行後の死亡		4	1			1	1	7	6
自殺			4	1				5	
自殺未遂			1					1	
総計	**1**	**13**	**27**	**1**	**5**	**3**	**14**	**64**	**32**

＊出典：バングラデシュ NGO「Odhikar」

53ページの表からわかるように訴訟が起きた件数は、全事件の半数しかありません。家庭という密室でおこなわれる家事使用人への暴力を立証することのむずかしさや、訴訟を起こしてしまったらつぎの仕事がなくなるといった不安から、圧倒的に不利な立場に置かれている家事使用人の女の子の実情が想像できます。

ちなみに、日本でも児童相談所に寄せられる児童虐待の件数*が増えつづけ、年間12万2000件を超えています。児童労働が一般的ではない日本でも、児童虐待が驚くほどの数にのぼることを考えれば、一段と低い社会階層にあるとみられているバングラデシュの家事使用人の女の子が、おとなのストレスのはけ口になることは想像に難くありません。

その⑦　性的虐待

女の子の場合、雇い主やその家族から性的な虐待を受ける危険性があり、レイプ犯罪の報道もあとを絶ちません。被害に遭ってもおとなに脅され、泣き寝入りするケースや、どこに訴えてよいのかわからない女の子も多く、性的虐待

＊参考文献　2016年度速報値・厚生労働省発表。

事件の実態ははっきりとしたことがわかりません。とくに幼い女の子は、学校に行っていないこともあり、相談できるようなおとなが身近にいません。友だちと話す機会もなく、親とも離れて暮らしているので、自分を守る知識や社会に訴えるすべがないのです。

また、両親も、娘が仕事先でたたかれることは「家でもしかるときはたたくのだから当たり前」と考え、他人の家で苦労することについても「結婚すれば舅《しゅうと》・姑《しゅうとめ》に仕えて苦労するのだからその練習」といった認識しかないことも問題です。

さらに、性的虐待の問題をみえにくくする原因は、被害に遭った女の子がそのことを話したがらないことにもあります。支援するＮＧＯのスタッフが話を聞こうとしたとき、表情が急に硬くなることはあっても、決してなにがあったかは口にしません。女の子たちのグループと話をしていても、雇い主の家での振る舞いの話になると、「仕事があるから」とすっと席を立ってしまったり、よいことばかりを話して問題はないことを強調したりします。

性的虐待は女の子にとってとてもいやな、怖い体験として、心の傷になります。自分が被害を受けたことを人に知られるのもつらいことです。また、自分

■報道された子どもの家事使用人に対する暴力事件

	2014	2015	2016
暴力	9	20	22
レイプ	3	11	6
殺人	7	9	8
自殺もしくは理由不明の死亡	0	13	13
合　計	19	53	49

＊出典：バングラデシュ NGO「Odhikar」

が被害に遭ったことがわかると、雇われ先を追い出されたり、よくないウワサが流れて結婚できなくなってしまうことから、女の子も口を閉ざしがちになります。ベグンさん（17ページ参照）のように、村中から白い目で見られることも珍しくありません。

女の子のストリートチルドレン*の中には、雇い主の家で暴力を振るわれ、路上に飛び出してしまった子も多くいます。路上での生活は一段と悲惨です。そのため、女の子は雇い主にどのような扱いを受けようともその境遇を甘んじて受け入れ、なんとか生き延びようとがまんを重ねています。

＊ストリートチルドレン：急速な都市化や急激な人口増加により、家族に養われることが困難となり、おもに都市の路上で生活している子どもたち。1人で生活している場合や、家族と路上で生活している場合などさまざまである。性的・経済的な搾取を受けることが多く、不衛生な環境のせいで病気にかかりやすい。物乞いやくず拾いなどで生活を維持することが多い。

第5章　630万人の子どもたちが働く国・バングラデシュ

５９００万人のバングラデシュの子どもたち

バングラデシュには、１億６０００万人の人びとが暮らしていますが、そのうち18歳に満たない子どもは５９００万人います。つまり、１００人のうち37人が子どもという若い国なのです。このように子どもが多いことがバングラデシュに活気をもたらしています。一方、日本では少子化が進み、18歳未満の子どもは１００人に16・５人となっています。

このように若く活気がある国ですが、子どもをめぐる悲しい現実もあります。ユニセフの調査*によると、バングラデシュでは、１歳になる前に死んでしまう乳幼児の割合は、１０００人に対して28人、また５歳になる前に死んでしまう割合は34人に達します。この15年間で乳幼児死亡率は約半分に減っていますが、日本の１０００人に対し３人という値と比較すると、私たちの暮らす社会と大きな差があります。各村でユニセフやＮＧＯが母子の健康を守る活動をしていますが、それでも失われる命は少なくありません。

＊ 参考文献 ユニセフ「世界子供白書２０１７」

●妊娠した女性に必要な栄養素をわかりやすくカードにして配布する政府の担当者

中学校に行ける子どもは50%

バングラデシュの義務教育は小学校5年生までで、その後、中学校に進みます。１９９０年代からの政府の教育支援や国連機関、ＮＧＯの活動によって、小学校に行く年齢に達した子どもで入学しない子は統計上*はほとんどいなくなりました。小学校の就学率は、２０００年の80%から２０１５年には98%*まで向上しています。とくに女の子の就学率は改善し、いまでは男の子と女の子の差も入学段階ではほとんどなくなりました。

しかし、小学校をやめてしまう子どもは、男の子で24%、女の子で17%*となっています。学年があがるにしたがって家での仕事も増えたり、文房具や制服などの費用が払えなくなったり、勉強についていけないなどの理由から学校をやめてしまいます。都市のスラムや中洲の貧困地域に暮らす子どもを中心に、約４５０万人が学校に通っていないというデータ*もあります。

中学校への進学率は54%ですが、そのうち無事卒業するのは、半分ほどです。高校・大学になるともっと狭き門になり、とりわけ女性の大学教育は遅れ

*バングラデシュのような途上国における統計は、一部の地域でしか調査をしていない、質問の仕方が不適切など、データの取り方が不正確であることから、数値が現状を反映していないケースが少なからずある。たとえば、政府統計によれば、ほぼ全員の子どもが小学校に進学したことになっているが、筆者が長年調査している村では、学校に入学しない子どもがたくさんいる。そのため、途上国の実情を知るには、現地に実際におもむいて住民に話を聞いたり、自分でアンケート調査をしたりする必要がある。

* 参考文献 Education Scenario in Bangladesh: Gender Perspective (BBS,2017)

* 参考文献 Human Development Report (UNDP,2016)

* 参考文献 Measuring Children's Work in South Asia (ILO,2015)

ています。子どもが学校に行けない理由は、つぎの3つが考えられます。

①教育についての親の意識が低い
②学校へ着ていく服や文房具を買うお金がない
③家計が苦しく子どもも働かざるを得ない

「教育を受けても、いい仕事につけるかわからない」「教育を受けなくても、ここまで生きてこられた」「将来のための勉強よりも、今日の食事のために働いてほしい」という親の考えが、子どもを学校から遠ざけています。

せっかく入学しても途中でやめてしまう原因は、学校の側にもあります。「生徒の数に対して教師の数が少なく、適切な指導ができない」「補習の体制がなく授業についていけない子どもが放置されている」「暗記中心の詰め込み教育がおこなわれている」「教室や机、イス、トイレなどの設備が不十分なため勉強に集中できない」などがあげられます。

実際、学校によっては1つの教室に100人ほどの生徒が集まって授業を受けることもあります。また、電気が通っていないような地域では、エアコンは

●机やイスがないため床に座って勉強している

子どもの数が多く教員が足りないため、年長の子が教科書を読み聞かせている

もちろんのことファン*もありません。すし詰めの教室で、うだるような暑さでは、子どもたちも授業に集中できません。

10代で結婚する女の子

バングラデシュの農村では、学校に行っている子どもでも小さいときから弟や妹の面倒や農作業の手伝いなど、家の仕事をよく手伝っています。日本でも農家や自営業の家庭では、家の仕事を手伝うことはめずらしくないですが、バングラデシュの貧しい家庭では、学校にも行かず家計を支えて働く子どもたちが大勢いるのです。とくに貧しい家庭の女の子は、食費や生活費を減らすために働かされるだけでなく、10代のうちに結婚させられる「児童婚」の事例が少なからずあります。

ユニセフによると児童婚は、男女問わず18歳未満での結婚を指します。児童婚は、子どもの心や体の成長に悪い影響を与えることから、子どもの権利*の侵害であると考えられています。幼い女の子は妊娠・出産による妊産婦死亡リスクが高まるほか、暴力、虐待、搾取の被害も受けやすくなります。また、結婚

＊ファン： 天井につけられた大型の扇風機。

＊子どもの権利： すべての子どもが、心身ともに健康に、自分らしく育つための権利で、1989年の国連総会で採択された「子どもの権利条約」に定められている。国際子ども権利センターによると、①生きる権利、②育つ権利、③守られる権利、④参加する権利の4つに分類される。

参考文献 国際子ども権利センターウェブサイト

後も勉強をつづけるケースは稀で、学校を中途退学するリスクも高まります。婚姻関係を結ぶ男女のいずれかが18歳未満である場合を児童婚と呼ぶため、男の子も児童婚のケースに含まれますが、幼い女の子が児童婚の対象となるケースが圧倒的に多いという現実があります。

ユニセフの調査*では、児童婚が多いのはアフリカの国ぐにで、1億2500万人の女の子たちが18歳未満で結婚しています。3人に1人の女の子が18歳未満で結婚しており、10人に1人が15歳未満で結婚しています。女の子が18歳未満で結婚する割合が世界で最も高い10カ国のうち、8カ国がアフリカの国ぐにで、残りの2つの国が南アジア*のインド、そしてバングラデシュです。インドやバングラデシュで児童婚がおこなわれている社会背景としては、つぎの3つが考えられます。

①娘の経済的な安定と家庭的な幸せへの誤った理解
②娘が家を出ることによる生活費の削減
③高額なダウリ*（結婚持参財）の存在

＊**参考文献** A Profile of Child Marriage in Africa(UNICEF,2015)

＊**南アジア**：インド、パキスタン、バングラデシュ、ネパール、スリランカ、モルディブ、ブータンなどの国ぐに。

＊**ダウリ**：結婚のときに女性の家が男性の家に贈る持参金（品）のこと。女性の年齢が高い場合、その相場が高くなることがある。28ページ参照。

そして、女の子の児童婚については、５つの問題が指摘されています。

①10代で結婚した女の子は、学校をやめてしまうことが多い
②学校をやめてしまうことで、将来的によい仕事につきにくくなる
③体が成熟する前の10代の妊娠は、低出生体重児を出産するリスクが高く、新生児の発育障害の原因になる
④10代の妻と夫との年齢差がある場合、家庭内での女性の発言力が下がり、家庭内暴力などが起こりやすい
⑤夫が高齢の場合、未亡人になる可能性が高く、夫の家の使用人同然になることがある。その場合、新たな相手をみつけて再婚することがむずかしい

バングラデシュの児童婚は近年改善傾向にありますが、それでも22％の女の子が15歳までに、59％が18歳までに結婚*しています。

バングラデシュでは、２０１７年に「児童結婚防止法」がつくられ、男性は21歳未満、女性は18歳未満の結婚を禁止し、罰則規定が厳格化されましたが、18歳未満の女性でも結婚することができる例外規定が設けられています。

＊ 参考文献 ユニセフ「世界子供白書２０１７」

＊ハシナ首相：シェイク・ハシナ・ワゼド（１９４７年〜）。最大与党であるアワミ連盟の党首で、バングラデシュの内閣総理大臣。イスラム教スンニ派でバングラデシュの独立の父とされるムジブル・ラフマン（クーデターによって暗殺）の長女。１９９６年、はじめて首相に就任。２００９年、２０１４年に再就任。

その例外とは、女の子の利益になると判断される場合には、裁判所の命令、両親の同意などを得れば、18歳に満たない場合であっても結婚が認められるというものです。これでは、例外規定が法の抜け穴となり、児童婚の根絶はできません。バングラデシュのハシナ首相*は、この例外規定は「バングラデシュの社会経済状況と農村地域の家族問題を考慮に入れたものだ」とコメントしており、農村における児童婚をすぐに根絶することは困難であると認めています。18歳までに半数以上の女の子が結婚していることからも、児童婚を防止する法律が十分に守られていないことがわかります。

バングラデシュの経済成長と貧しさ

バングラデシュの貧困問題は、国際的にも問題視されてきました。ベンガル（バングラデシュとインドの西ベンガル州をあわせた地域）生まれのアマルティア・セン*とムハマド・ユヌス*という、2人のノーベル賞受賞者もこの地域の貧困をテーマとして扱っています。

セン博士のノーベル経済学賞の受賞理由は、不平等や貧困、飢餓《きが》の原因など

＊アマルティア・セン：ベンガル地方生まれの経済学者（１９３３年〜）。１９９８年、アジア初のノーベル経済学賞受賞。『自由と経済開発』や『貧困と飢饉』など日本でもたくさんの著書が翻訳されている。

＊ムハマド・ユヌス：バングラデシュの経済学者、実業家（１９４０年〜）。グラミン銀行の創設者でマイクロ・クレジットの創始者。２００６年、ノーベル平和賞受賞。

に関する研究が評価されたことにあります。一方のユヌス博士のノーベル平和賞は、農村の貧困対策として、小グループを対象に無担保で少額の資金を貸し出すマイクロ・クレジット*を実践し、とりわけ農村女性の経済的自立を支援したことにあります。

バングラデシュは２０１７年、とくに開発が遅れていると国連が定めた世界47カ国の「後発開発途上国*（ＬＤＣ）」の１つにあげられています。日本でもバングラデシュのイメージは、いつも洪水に見舞われている貧しい国というものかもしれません。たしかに、洪水の被害が深刻で、貧しい人も多いのですが、その一方で１９９０年代から今日までの経済成長率*は年率５％前後で、２０１６年度、２０１７年度は７％台を記録するなど、安定した経済成長を遂げています。７％の経済成長はこれが10年つづくと、その国の経済規模がほぼ2倍になる数字です。

この経済成長を支えたのは、縫製業*の発展です。縫製業は、衣類の加工をおこなう産業で、布地や毛皮、皮革などを裁断し、手縫いやミシンで製品をつくります。近年、バングラデシュは「世界の縫製工場」といわれるようになり、日本でもバングラデシュ製の服が多くみられるようになってきました。

＊マイクロ・クレジット：銀行からの融資を受けられない貧しい人びとに少額の融資をおこなうしくみ。無担保で資金を貸し出し、経済的自立を促すことを目的にしている。バングラデシュのグラミン銀行が起源とされ、発展途上国のみならず先進国でも利用が進んでいる。日本でも、２０１７年8月に一般社団法人グラミン日本準備機構が組織された。

＊後発開発途上国(Least Developed Country=LDC)：国際連合が定めた開発途上国の中でもとくに開発が遅れている国のこと。

＊経済成長率：経済の活動規模がどの程度拡大したのかを示す指標。

＊衣服などの繊維製品がバングラデシュの輸出の80％を占めている。31ページ参照。

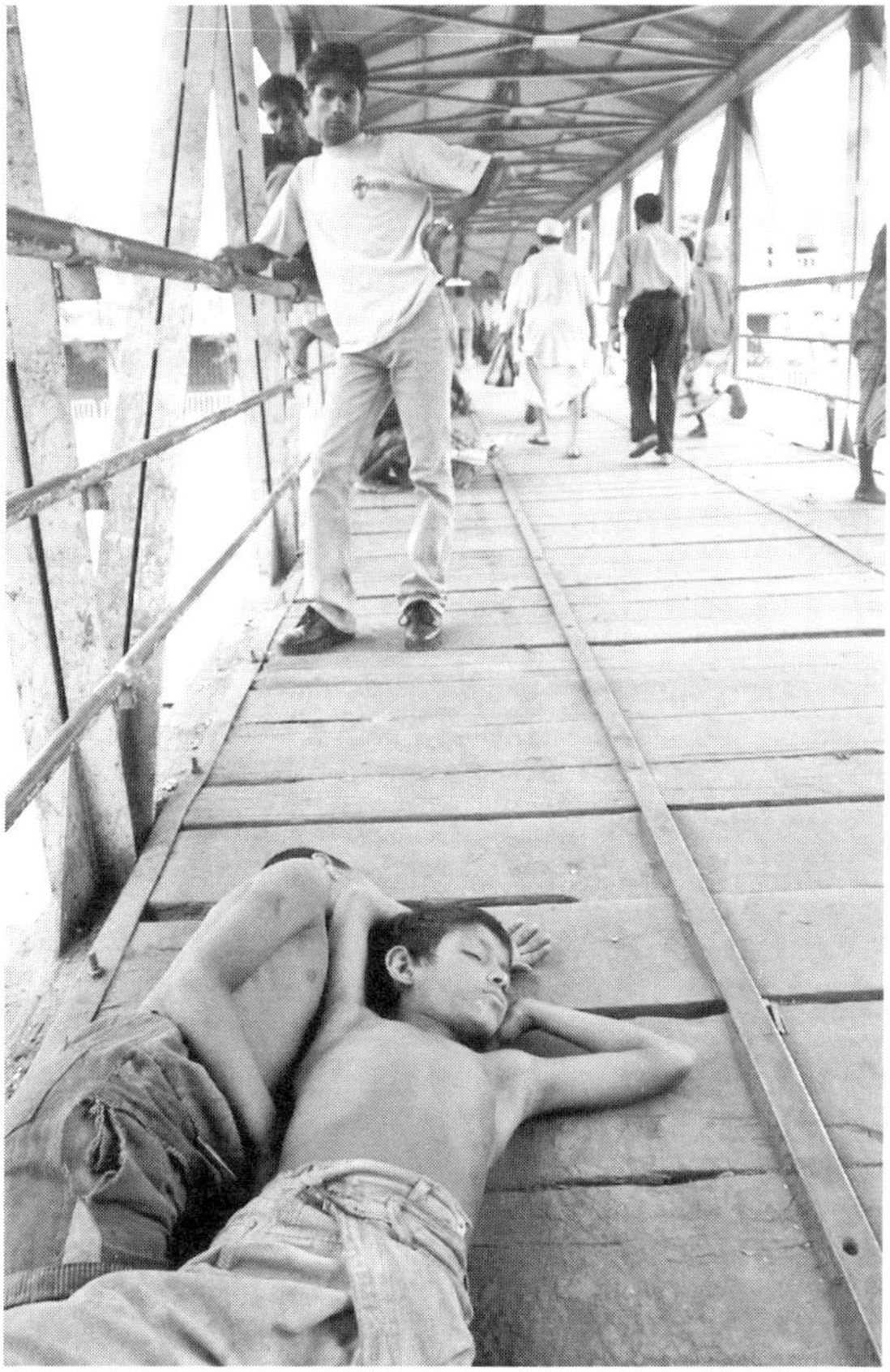

ダッカの船着き場にかかる橋の上で身を寄せ合って眠る子ども

路上に捨てられているゴミや鉄くずなどを拾い、生計を立てている子ども

経済規模が大きくなるということは、そこで暮らす人がモノを買う力（＝購買力）が大きくなるので、バングラデシュの将来性に注目する世界中の企業が首都ダッカを中心に進出しています。日本の会社では、カジュアルで安価な衣料品を販売するユニクロや、若い女性の人口が多いことに注目した資生堂などがバングラデシュでビジネスを展開しています。では、バングラデシュの経済発展は、貧困の解決に貢献しているのでしょうか？

まずは、経済指標*からみてみましょう。１９９１年の56・6％からは減少傾向にあるものの、２０１５年には国民全体の24・8％、４人に1人が国の定めた貧困ライン*以下の生活をしています。人口が1億６０００万人いるので、４分の1とはいえ、貧困人口は４０００万人にのぼり、大きな社会問題になっています。

つぎに、世界銀行*が定めている国際貧困ライン*を見てみましょう。世界銀行は、貧困を1日1・9ドル（約２１０円）未満で生活する人と定義しています。かなりおおざっぱなイメージですが、アメリカで1日1・9ドル、つまり1カ月60ドル程度で買えるもので生活していることを意味するので、かなりきびしい状態であることが想像できます。世界銀行によると、バングラデシュでは18・5％の人がこの1日1・90ドル未満での生活を余儀なくされています。

＊経済指標：各国の経済関連の省庁や中央銀行（日本では日本銀行）が発表している経済に関連する統計。その国の経済動向や貧困の度合いをみるうえでの大切なバロメーターの1つ。

＊貧困ライン：途上国の多くは、独自に貧困ラインを決めている。その多くは、カロリーベースの食糧貧困ラインである。バングラデシュでは、1日当たり2122キロカロリーを貧困ラインとしている。これは1日の摂取カロリーではなく、摂取するための食糧を買える収入があるかどうかで判断する。

＊世界銀行：主に発展途上国の政府や民間企業に対して、資金を貸し出す公的な国際金融機関。比較的所得水準の高い発展途上国の政府には有利子で、後発開発途上国の政府には無利子で長期間の融資をおこなう。日本は世界第2位（約18％）の拠出国。

＊国際貧困ライン：1日1・90ドル未満で生活する人の比率。２０１1年の購買力平価に基づき、国際貧困ラインを1日1・90ドルと設定。購買力平価とはアメリカにおいて1・90ドルで購入できるものと同じ財・サービスを国内で購入した場合に必要とされる国内通貨単位数。

経済成長から取り残された子どもたち

バングラデシュの経済は順調ですが、成長の恩恵を受けているのは、もともと裕福な人や、安定した仕事をもっている中流階層の人で、農村やスラムに暮らしている貧困層にはその恩恵が十分に届いていません。

また、地方からの人口流入に対応できるほど、都市での仕事が十分にあるわけではなく、農村の貧しさを逃れて都市に出てきても、スラムできびしい生活を送ることになってしまいます。都会で物乞《ものご》いをしたり、バラ売りのタバコや花などを売って、1日の食べものを手に入れるストリートチルドレンの姿がいまだに日常的にみられます。

高層ビルが建ち並び近代化が進む都市でもスラムが拡大し、富裕層と貧困層の格差がさらに拡大しています。経済成長によってお金に余裕ができた人びとが、家事使用人をとても安いお金で雇うことができる一方で、経済成長の恩恵から取り残された貧しい家の女の子は教育や夢を奪われ、将来に希望を見い出すことが困難になっています。

●ゴミ山でお金になりそうな金属などのゴミを探すストリートチルドレン

くず拾いで生計を立てる少年たち

ゴミ捨て場から遊び道具をみつけて手にする子ども

第6章　世界にいる1億5200万人の児童労働者

世界の児童労働

世界に視野を広げて、児童労働の問題を考えてみましょう。

ＩＬＯ（国際労働機関）によると、*　２０１６年時点で、世界の５～17歳の子ども20億人のうち、２億１８００万人が働いています。このうち女子６４００万人、男子８８００万人、合計１億５２００万人が国際的に禁止されている「児童労働」に従事しており、世界の子ども全体のほぼ10人に１人になる計算です。この数は日本の人口１億２７００万人よりも多く、世界８位となるバングラデシュの総人口１億６０００万人に匹敵します。しかもそのうち半数は、危険有害労働といわれる健康や成長に悪影響を及ぼすほど過酷であったり、安全が守られていないような危険な状態で仕事をしています。

それでも２０００～２０１６年にかけて、世界の児童労働者数は３分の２以下に減少しており、実数でいえば９４００万人も減少しています。国際機関やＮＧＯによる児童労働撤廃の取り組みの成果が徐々に出ているといえるでしょう。

＊ 参考文献　Global Estimates of Child Labour: Results and Trends, 2012-2016(ILO,2017)

■児童労働の減少数

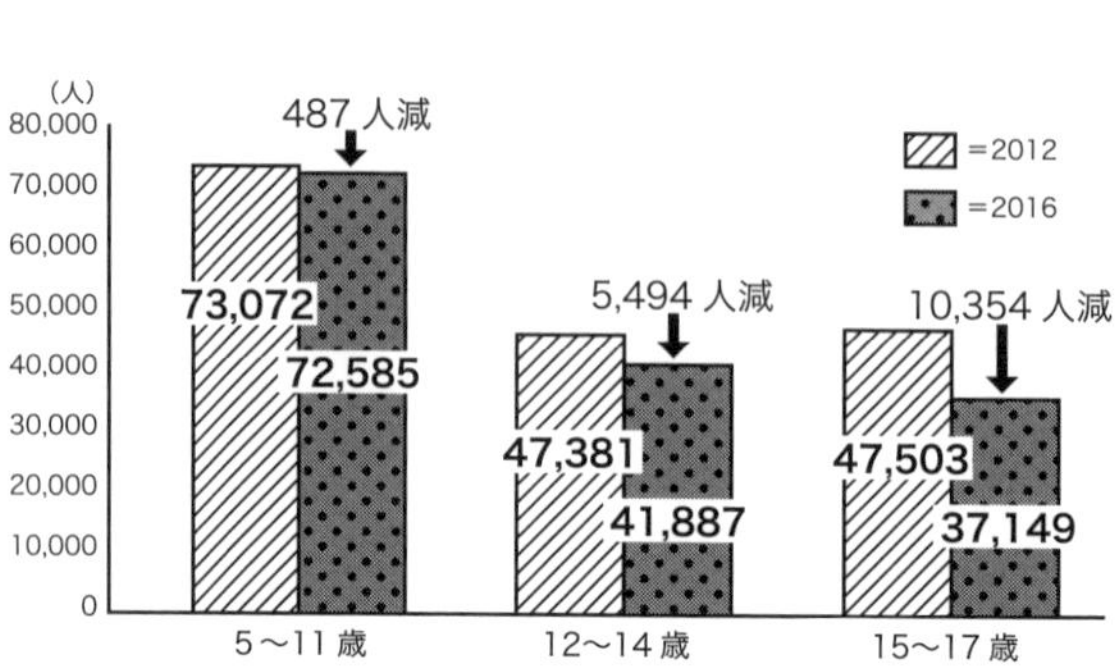

しかし、ここ数年（2012〜2016年にかけて）は減るスピードが遅くなっています。5〜11歳の幼い子どもの児童労働がほとんど減っていません。また、男の子の児童労働が12・3％減っているのに対し、女の子は6％と半分程度にとどまっています。さらに、世界の子どもの20人に1人はとくにきびしい肉体労働や性的な労働といった危険有害労働をしており、その減少スピードも年々落ちています。

そもそも児童労働ってなに？

児童労働とは、子どもが子どもらしく心も体も健康に育つことをさまたげるような労働のことを指します。児童労働の多くは、危険な環境で仕事をしたり、1日に何時間も働かされたりします。これは、子どもたちが心身ともに健康に育つためにはよくないことです。

では、どのような労働が児童労働に分類されるのでしょうか。後にくわしく紹介しますが（75ページ参照）、ILOは11歳以下の労働を禁止しています。この年齢は労働ではなく、勉強や友だちと遊ぶことを通して自分の将来につい

■危険有害労働をしている子どもの数と子ども全体に占める割合（5〜17歳）（2000〜2016年）

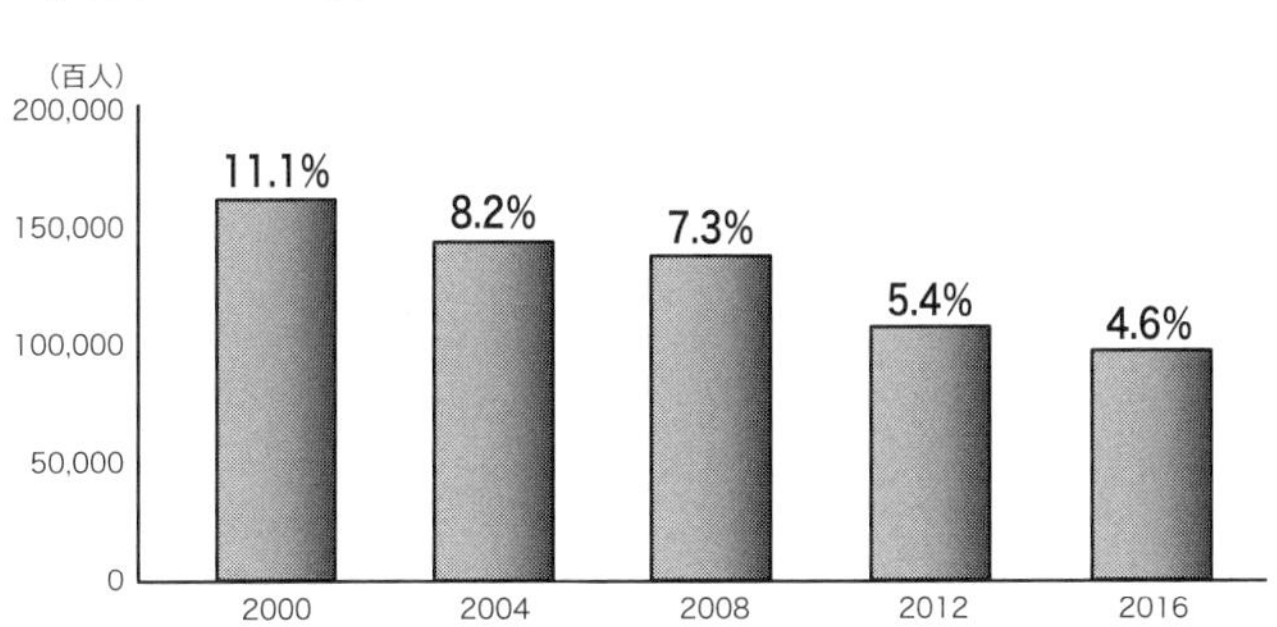

て考えたり、社会性を身につけたりする大切な時期と考えられているからです。また、18歳以下の子どもには、健康・安全・道徳を損なうおそれのある労働をさせることを禁止しています。たとえば、長すぎる労働時間や、ケガをする危険のある労働などです。

児童労働をしている子どもを年齢別にみると、全体の半数近い48％は5～11歳で、12～14歳が28％、15～17歳が24％とつづいています。すべての子どもを児童労働の苦しみから解放する必要があるのはもちろんですが、とりわけ年齢の低い小さな子どもが多く働いていることは、大きな問題です。

また、仕事の内容ごとにみていくと全体の7割が農業に従事しています。つづいて、家事使用人を含むサービス業が17％、工業が12％とつづきます。男女差はほとんどありませんが、同じ職場で働いていたとしても、たとえば男の子は機械操作や肉体労働といった仕事につき、女の子は長時間の単純作業などに従事するといったちがいもみられます。

■児童労働の仕事の種類・性別・年齢

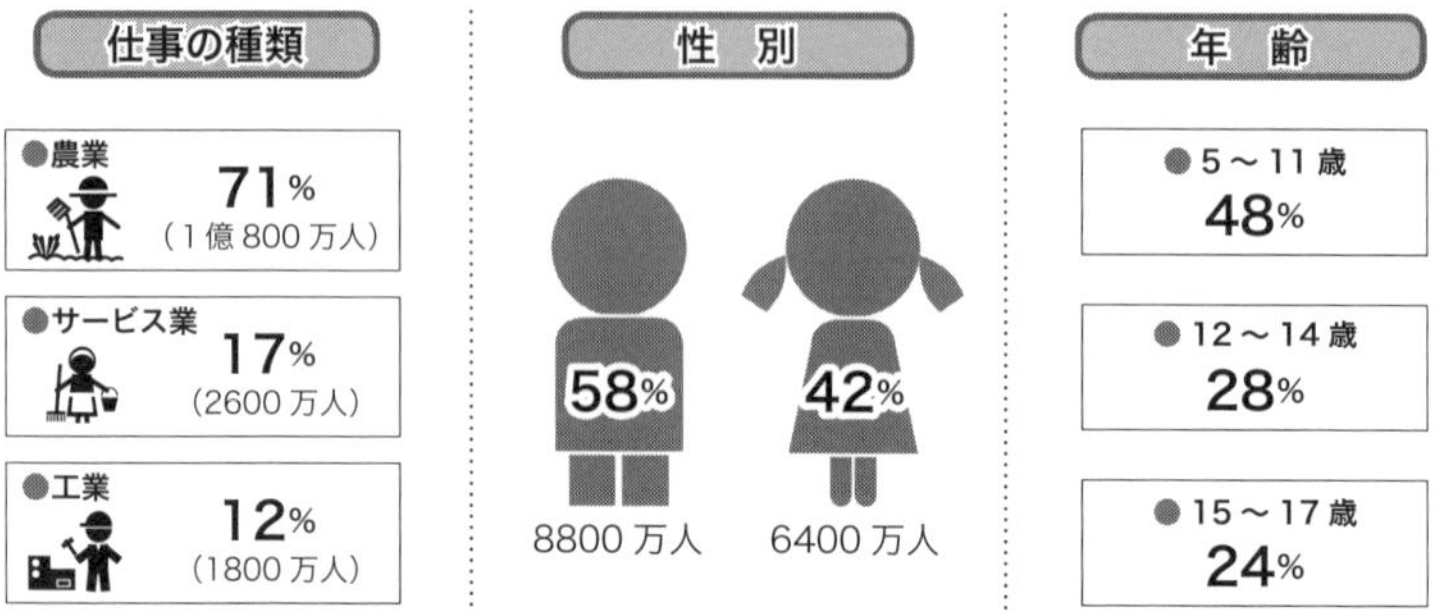

出典：Global Estimates of Child Labour：Results and Trends, 2012-2016（ILO,2017）

国連による児童労働の定義

ＩＬＯは、ディーセント・ワーク（働きがいのある人間らしい仕事）の重要性を掲げ、各国政府に児童労働の撤廃や労働条件の改善を求める重要な機関です。その国の労働のあり方を細かく調査して、問題があれば、ＩＬＯ勧告を出して改善するように促します。たとえば、日本では、子役として活躍する子どもの芸能人が夜遅くまで働き、勉強にも支障が出ているとして問題視されています。

さて、ＩＬＯでは児童労働者をつぎのように定義しています。

①労働に従事する11歳以下のすべての子ども
②週14時間以上の労働に従事する12～14歳のすべての子ども
③週43時間以上の長時間労働を含む、危険な環境での労働（危険有害労働）に従事する15～17歳のすべての子ども

●車整備の仕事は体力のいる危険な仕事の1つ

このように、児童労働の定義は年齢によって異なります。たとえば、11歳で家事使用人として働いているのであれば、働いている時間にかかわらず、児童労働になります。ただし、ＩＬＯが定義する児童労働は、子どもたちの健全な成長をさまたげる労働を意味していて、家の手伝いや小遣い稼ぎのために自らおこなうアルバイトなどは含まれません。

5～14歳で自分の家の家事に携わる時間が週21時間以上の子どもたちが世界に5400万人いて、そのうち3分の2を女の子が占めているといわれていますが、彼女たちは児童労働には含まれないのです。週21時間以上という時間は子どもの勉強に悪影響を及ぼす状態と考えられます。日本でも、働く親を助けて家事を引き受けたり、教育費や生活費を稼ぐために長時間のアルバイトをしている子どもがいます。

世界に広がる児童労働

もう一度、ＩＬＯの児童労働者の定義（75ページ）をみてください。この3つの働き方にあてはまる5～17歳の子どもは、世界の子どもの9・6％、

●荷物運びを手伝い、日銭を稼ぐ子どもたち

1億5200万人いるとされています。つまり世界の子どもの10人に1人が生活のために働いており、その半数にあたる7300万人の子どもが、危険有害労働といわれる事故ととなり合わせの土木関係の現場や、健康被害が起きやすい金属加工の工場などで危険な仕事をしています。

アフリカでは子どもの5分の1が児童労働に従事しており、その数は7200万人にのぼります。世界で児童労働が最も深刻な地域です。また、日本を含むアジア太平洋の児童労働者数は6200万人で、この地域に暮らす子どもの7・4％が児童労働をしている計算になります。これら2つの地域に児童労働の90％が集中しています。南北アメリカの児童労働は1000万人程度となっていますが、その大半は、メキシコやブラジルなどを含むラテンアメリカと呼ばれる地域に集中しています。

実は、世界の子どものほぼ4人に1人が紛争または災害により影響を受けた国で暮らしています。このような災難によって住む場所や収入を失った家族では、子どもが働いて家計を支えることもめずらしくありません。2015年、国連は武力紛争の影響を受けた国では児童労働をする子どもの割合が、そうでない国より77％高いと報告しています。学校をやめて働きに出た子どもが、ふたたび学校に戻る可能性は極めて低く、子どもの生涯にわたって大きな影響を与えます。

また、アジアで児童労働が多いのは南アジアで、中でもインドには580万人いるといわれています。そのほかには、バングラデシュ500万人、パキスタン340万人、ネパール200万人とつづきます。* 実数でいえばインドの児童労働の人数が多いですが、人口比から考えると、ネパールの200万人、バングラデシュの500万人が際立っています。

バングラデシュで働く子どもたち

バングラデシュの状況をもう少し紹介しておきましょう。ILOの調査では、バングラデシュの7～17歳の子どもの17・5%、約630万人*が働いていると報告されています。7～14歳の子どものうち学校に通っていないのは約450万人で、子ども全体の14・8%にあたります。

7～17歳の働いている子どもの41%が農業の手伝い、22%が家事使用人やリキシャ引き、飲食店での給仕などのサービス業、19%が縫製業を含む製造業、

* 参考文献 Measuring Children's Work in South Asia(ILO,2015)

■南アジア各国における児童労働の数と割合

	児童労働数	人口	児童労働者の人口に占める割合
インド	580万人	13億2680万人	0.4%
バングラデシュ	500万人	1億6000万人	3.1%
パキスタン	340万人	1億9450万人	1.7%
ネパール	200万人	2830万人	7.1%

＊630万人の中には、きちんと学校に通い、合法的に働いている子どもも含まれる。

ゴミの中からお金になりそうなものを探す子ども

その他が18%になっています。学校に通わずに働いている子どものうち、賃金を得ているケースが42・4%で、残りの子どもたちは賃金をもらっていません。30・1%は家族の手伝いですが、あとの27・5%は働きに出ながらも、賃金を得ていないということになります。子どもであるがために、衣食住など生活の面倒をみているのだから賃金はいらないという意識が働くのかもしれません。

危険な仕事につく子どもたち

バングラデシュの児童労働者数は500万人といわれていますが、家事使用人のように、外からは見えない児童労働を含めると、実際の数はもっと多いでしょう。バングラデシュの労働法では最低就業年齢は14歳で、危険をともなう労働については18歳からとされています。それでも14歳になっていない子どもが働いていたり、危険な仕事についていたりする子どももたくさんいます。バングラデシュ統計局の調査*によると、児童労働の中で最も有害な仕事である性労働、麻薬の取引、あるいは体や精神の健康を損なうおそれのある労働につい

■バングラデシュの7～17歳の働いている子どもの仕事の種類

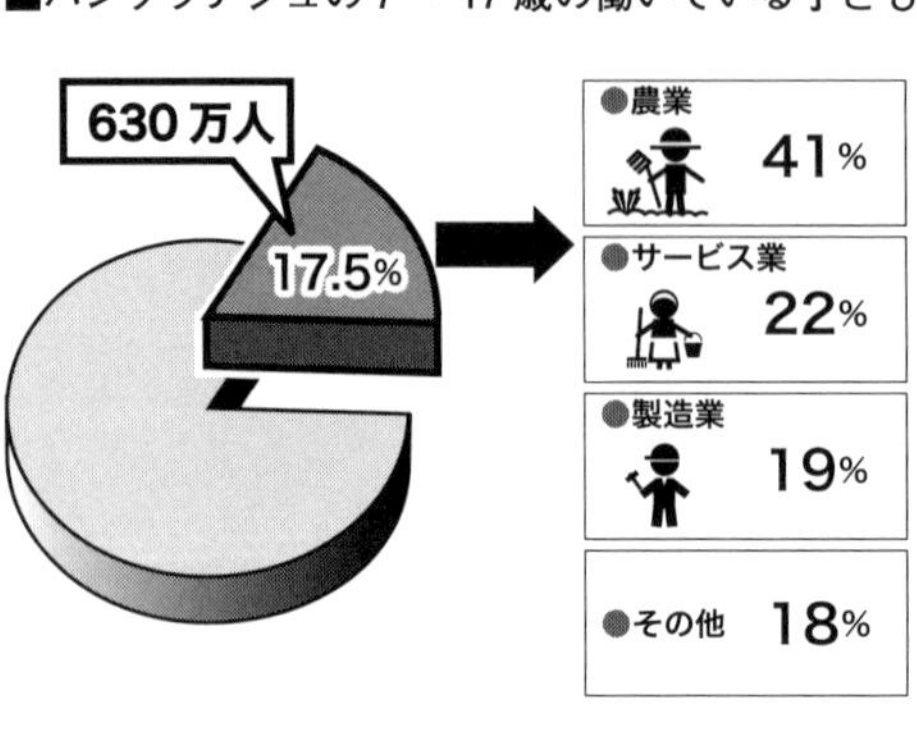

* 参考文献 Child Labour Survey Bangladesh 2013(BBS,2015)

農村の茶店で働く子ども。学校には通っていない

ている子どもは、128万人いるとされます。

子どもたちの仕事や教育に関するいくつかのデータを紹介しましたが、1日の多くを路上で過ごすストリートチルドレンなどはその数や仕事内容がよくわかっていません。そのため、児童労働者数自体を把握することも、彼らの生活を明らかにすることも困難なのです。バングラデシュに限らず、国連機関や政府の統計、NGOの調査結果も、どこまでを家の手伝いや小遣い稼ぎとみなし、どこからが児童労働とするのかなど、現場レベルで認識が異なっているため、統計データにもちがいがあるので注意が必要です。

バングラデシュの都市を訪れてまず目にするのは、路上でくず拾いをしたり、花や菓子を売ったり、物乞いをしたりしている子どもたちの姿です。農村でも都市でも、食堂の料理運びや皿洗い、茶店などの店の手伝い、乗り合いタクシーやバスの助手、市場や駅、港での荷物運び、工事現場での片づけ仕事など、子どもがさまざまな作業をしているのをみかけます。こうした人目に触れる場所のほかにも、狭く暗い工場で朝から晩まで物をつくったり、ゴミ捨て場でゴミの仕分けをしたりしている子どももいます。

現在、高度経済成長期にあり、高層ビルも建ち並びはじめたダッカにおい

●坂道でリキシャを押す子ども。お金が手に入るかどうかは運転手の気分次第

て、お店で働いたり、路上で物を売ったりする子どもたちの姿をみると、経済成長とはなんなのかを考えさせられます。

縫製工場で働く女の子

店先や路上で働いている子どもの大半は、男の子です。イスラム教の社会では、一般的に女性が1人で外を出歩く習慣がなく、家族と一緒であったり、親族の男性につき添われて外出します。

こうした背景もあり、女性の社会進出が遅れがちですが、バングラデシュ最大の輸出産業である縫製工場で働いている女性は、かなりの数にのぼります。大手の縫製工場では、18歳未満の子どもを雇わないよう、採用のときにきびしく確認していますが、下請けの小さな工場などでは実際には15～17歳ぐらいの女の子がたくさん働いています。工場での仕事は技術の習得や、納期までに仕事を終わらせなければならないなど、きびしい面もありますが、労働時間が決まっていたり、賃金がはっきりしているので、貧しい家庭の親も娘が縫製工場で働くことを希望しています。

●女性の就職先として人気が高い縫製工場

大きな縫製工場は、ほとんどが外国のアパレル企業からの受注を受けて経営をしているため、中小の工場より国際的な監視の目があり、工場の環境が一定程度整備され、賃金もほかの仕事よりは比較的よい傾向があります。そのため、スラムや貧しい農村に住む女の子の中には縫製工場で働くことに憧れを持っている子も多いようです。

しかし、労働環境が劣悪な縫製工場も少なくありません。とくに18歳未満の場合には、そもそもが違法労働です。そのため、賃金が法定最低賃金を下回るケースが多く、また安全基準も守られていないことがあります。

お手伝いさんとして働く女の子

貧しい家庭の女の子の働き先として多いのは、中流階級以上の家庭で家事をする使用人です。家事使用人として働く子どもの中には男の子もいますが、ILOの調査*によるとバングラデシュで家事使用人として働く18歳未満の子どもの数は約42万人で、78%が女の子とされています。家事使用人は圧倒的に女の子が多いのです。また、全体の26%が11歳未満とされています。

●縫製工場で働くのは圧倒的に女性が多い

＊ 参考文献 Baseline Survey on Child Domestic Labour in Bangladesh (ILO,2006)

18歳未満で家事使用人として働く42万人に78％をかけてみると、バングラデシュ国内では約33万人、ダッカ市内だけで約11万５０００人の女の子が家事使用人として働いていることになります。これだけの数がいながら、家の中で働いているため、外の店や路上で働いている子どもとはちがい、人目に触れることなく、その実態もほとんど把握されていません。この33万人の「みえない女の子」がバングラデシュの家事労働を担っているといえます。

義務教育で小学校に通わせなければならない年齢の子どもを住み込みで働かせているので、調査をしても雇い主からきちんとした答えが返ってくるわけではありません。家事使用人の実態は、みえないままなのです。

絶対的貧困と相対的貧困が示すもの

ここで、この本にしばしば出てくる「貧しさ」「貧困」という言葉の説明をしておきましょう。とても残念なことですが、現在の世界を特徴づける表現として、「貧困」は特別な意味合いをもつようになってしまいました。ある国がどのような国かを知るとき、宗教や民族、言語や風土、芸術文化、料理などがその地域を特徴づけるキーワードでしたが、現代社会においては「貧困」という現象も大きな意味をもつようになっています。いくら豊かな文化や芸術、伝統をもっていたとしても、貧困が深刻であれば、それらは失われてしまうかもしれないからです。また、貧困が原因で紛争に発展したり、治安が悪化したりする可能性もあり、そうなってしまっては文化や経済の発展もありえません。

貧困がいまだ解決できない大きな課題であり、今後人類の英知を結集して解決にあたらなければならない問題だと世界が認識しはじめています。2015年9月、国連総会で採択された「持続可能な開発目標：SDGs＊」は、2030年までに持続可能な世界を実現するために17の目標を掲げ、その1つ目の目標に「貧困をなくすこと」を掲げているのです。

いままでは貧しさというと、発展途上国の貧困に注目が集まり、国際的な支援のもとさまざまな対策がおこなわれてきました。命をつないでいくのに必要な食べものや水が手に入らない、医療が受けられないといった状態は、まだまだ世界中の発展途上国にみられます。他方で、先進国でも経済的な格差が拡大することで貧しさが広がっています。SDGsは、発展途上国だけでなく、先進国においても社会的・経済的状況にかかわらず、すべての人が尊厳をもって

＊持続可能な開発目標（SDGs）：2015年9月の国連サミットで採択された「持続可能な開発のための2030アジェンダ」で掲げた2016年から2030年までに国際社会が達成すべき目標。持続可能な世界を実現するための17のゴール・169のターゲットから構成され、「地球上の誰一人取り残さない」ことを宣言。発展途上国だけでなく、先進国も取り組むべき目標。

生きることができる、「誰一人取り残さない」世界を実現することを宣言しています。

　では、「貧しさ」「貧困」とはどのような状態を指すのでしょうか。これらを測るものさしには、「絶対的貧困」と「相対的貧困」があります。

　「絶対的貧困」とは、食べものがない、医療が受けられないといった、すぐにも生命の危機に直結する生活状態をいい、主に途上国でもちいられます。1日1・9ドル未満で暮らす人びとや、1日2122キロカロリーの食料が買えない人びとなど（68ページ参照）が、この「絶対的貧困」にあたります。

　一方、「相対的貧困」は、その社会の平均的な人に比べて「貧しいグループに属する人」という意味で、その社会が当たり前としている生活を送ることができない層のことをいいます。いい換えると「相対的貧困」は社会における格差の深刻度合を表している言葉です。

　ちなみに、日本の貧困率は15・3%*ですが、これは「相対的貧困」の割合*で、日本では7人に1人が貧困といわれる根拠になっています。

　社会全体が経済的に豊かになっていけば、所得水準も高くなっていき、相対的貧困と区分けされる所得の金額もあがっていきます。日本でいえば、年収が

■絶対的貧困と相対的貧困のちがい

絶対的貧困（人間として最低限の生活を維持することが困難な状態）	相対的貧困（その国の文化水準、生活水準と比較して困窮した状態）
・服がない ・靴がない ・家がない ・食べものがない ・医療が受けられない ・清潔な水が手に入らない	・高校に進学できない ・塾や予備校などに行けない ・参考書が買えない ・部活動に参加できない ・修学旅行に参加できない ・パソコンが買えない ・給食費が払えない

＊ 参考文献　2017年度・厚生労働省発表。

＊世帯の所得などをもとに子どもを含めて家族一人ひとりの所得を計算し、上から順番に並べたときに中央値の額の半分に満たない人の割合。

２００万円の人びとは相対的貧困のグループに区分されますが、バングラデシュではお金持ちに区分されます。このように相対的貧困は、それぞれの社会で貧しい位置にいることを表し、各国でその金額が異なるので、比較する際には注意が必要です。

また、住む家がない、医療が受けられないといった途上国＊の絶対的貧困と、先進国の相対的貧困を直接比較することはできません。しかし、「学校の給食費が払えない」「参考書が買えない」「学費が払えないので高校に進学できない」といったその社会では当たり前の生活ができない相対的貧困の状態は、子どもたちの成長に大きな悪影響を与えます。

たとえば、テストの点数は親の収入が高い子どものグループのほうが、低い子どものグループよりも高いという調査結果があります。子どもの学力は、家庭環境、教育環境の格差によって大きく影響を受けます。学力だけではありません。「自分が価値のある人間だと思わない（自己肯定感の低下）」「将来に夢がない」と考える子どもの割合は、相対的貧困のグループに属する子どもにとくに高いのです。学力が身につかないと、自分に対する肯定感が低くなり、将来の希望がみつからなくなります。「親が貧困の家庭で育つと、子どもも貧困

●丈夫なセメント袋を持って、ゴミ拾いに出かける男の子たち。路上で暮らす子どもたちの大半が絶対的貧困にあたる

＊本書においては、便宜上「先進国」と「途上国」という言葉を使用する。しかしながら、「途上国」が目指す社会が、貧富の格差や資源の乱獲、環境破壊とともに経済活動を拡大させ、発展しているとされる現状の「先進国」である必要はない。また、「途上国」に住む人びとの知識や経験、人間性が、「先進国」に劣ることを意味するものでもない。

になる」という悪循環を止めることができなくなるのです。

また、先進国の相対的貧困は、外見からではなかなか判断できません。義務教育において教科書は支給され、ファストファッション*の普及によって途上国でつくられた安くても質の高い衣料品を買うことができます。そのため、相対的貧困だからといって学校の教科書がない、ぼろぼろの服を着ているといったこともありません。パッとみただけでは判断がつかないのが相対的貧困の特徴なのです。

途上国の絶対的貧困は、国連の援助機関*や現地政府、国際NGOなどによって長年対策がとられ、学校に行けない子どもや児童売春、ストリートチルドレンなど目にみえる子どもの貧困に対する支援も進みつつあります。また、子どもの労働に対する問題意識も高まり、児童労働によってつくられた商品*をボイコットするといった運動が先進国で広がっています。

しかし、これらの国際的な支援によって途上国のすべての貧困問題が解決されたわけではありません。子どもが働かないと家計が成り立たない家族、自分が働かないと食べものを手にできない子どもはいまだにたくさんいます。

また、児童労働をきびしく取り締まることで、子どもが隠れて働くようにな

＊ファストファッション：流行を取り入れつつ、価格を安く抑えた衣料品を、大量生産し、短いサイクルで販売するファッションブランドやその業態。

＊国連の援助機関の例：
・国連児童基金（UNICEF）…子どもへの支援を専門にする国連機関。保健や栄養、水と衛生、教育などの事業を現地政府やNGOと協力しながらおこなう。途上国の子どもや女性の社会参加にも力を注いでいる。
・国連開発計画（UNDP）…貧困削減のための支援をおこなう国連機関。開発途上国における所得向上や健康改善などの活動をおこなっている。
・国連食糧農業機関（FAO）…世界の農林水産業の発展と農村開発に取り組む国連機関。開発途上国を中心に貧困と飢餓に苦しむ人びとの栄養状態と生活水準を改善することによって、すべての人が健康な生活を送ることを目指す。

＊コーヒーや紅茶、チョコレートなどの食べものや、サッカーボール、たばこ、綿花製品、カーペットなど途上国でつくられるさまざまな商品に児童労働が隠れている可能性がある。

り、児童労働の現場がよりみえにくい、支援の手が届きにくい場所へと移っていくという現象が起こっています。これまでどおりの支援の仕方では十分に効果をあげられないという新たな課題が現れているのです。

●換金するために集められた金属片のうえに座る幼児

第7章　「子どもが働くのは当たり前」こんな社会を変えるための5つの方法

社会を変えるためには

アジアやアフリカの貧しい国の中には、子どもは一家の働き手という考え方が根強くあります。家計を助けるためにお金を稼ぐという経済的な理由だけでなく、親が亡くなったり、離婚・再婚、一家離散などで家に居場所がなくなり、自活しなければならなくなるなど働く理由はさまざまです。子どもが独りぼっちで社会に放り出されたときに、保護してくれる制度や社会保障が十分ではないため、子どもは自分の力だけで生きていかなければならないのです。

子どもが働かなくてはならない社会の背景にある1つひとつの問題を解決する地道な取り組みがなければ、児童労働をなくすことはできません。まず、子どもが働いている姿を当然のことと考えるのではなく、「児童労働はふつうではない」という共通認識を社会がもつことが不可欠です。そのためには、つぎの3つの視点から社会を変える必要があります。

①働く子どもたちの存在は社会全体の問題であると、人びとの意識を変える

②子どもの権利が守られる社会のしくみをつくる
③個人や社会レベルでの意識の変化を促したり、違反を取り締まる法律の整備や行政のしくみをつくる

このように児童労働をなくしていくという目標は、ただ子どもに食料や教育を与えるだけでは解決できないむずかしい課題です。しかし、児童労働をせざるを得ない子どもが、目の前に存在している以上、その現実から目を背けるわけにはいきません。ここでは、国際協力NGO「シャプラニール=市民による海外協力の会」*がバングラデシュでおこなっている活動をみていきましょう。

シャプラニールの5つの活動

①働く女の子たちへの直接支援

2006年、シャプラニールは働く女の子の支援センターをダッカ市内に開設しました。公務員住宅の中や中流家庭が集まる地区で、家事使用人として働く女の子が訪れやすい場所を選びました。支援センターの現地スタッフが読み

●現地で住民の声を聞くシャプラニールのスタッフ

***シャプラニール**：1972年より南アジアで貧困問題解決に向け活動する日本のNGO。142ページ参照。

書きや計算、保健衛生の知識提供、料理教室などをおこなっており、約80人がダッカ市内にある3つのセンターに通っています。

支援センターは、シャプラニールのパートナーである「フルキ」が運営しています。フルキは1991年に働く女性とその子どもへの支援を目的にバングラデシュ人によって設立され、バングラデシュで活動する現地のNGOです。縫製工場で女性がたくさん働いていることに着目し、工場内に子どもを預けられる場所をつくったり、スラムで女性や子どもの支援をしたりと、幅広いテーマで活動を展開しています。

2005年にシャプラニールとフルキは、バングラデシュの首都ダッカにあるスラムで、家事使用人として働く女の子がどのような状況に置かれているかについて調査をおこないました。この調査から、家事使用人の女の子の多くが、遊んだり学校に行ったりする時間がなく、朝から夜遅くまで働かされ、さらに雇用主からの暴力を受けやすいという過酷な状況が明らかになりました。

このような女の子が、少しでも仕事から離れ、子どもらしい遊びや学びの時間を持てるようにと「支援センター」を開設しました。当時もいまも、家事使用人としてきびしい生活を強いられている子どもに対する政府からの支援はなく、NGOであるシャプラニールやフルキが行動する必要があります。

現在、バングラデシュに3カ所ある支援センターの運営にかかわる多くのことを、フルキがおこなっています。雇用主や、女の子の保護者に家事使用人の過酷な現状を伝え、女の子の生活環境を少しでもよくするための呼びかけをしています。

ほかにも、センターがある地域の住民や自治体にも家事使用人のことを知ってもらい、女の子を地域のみんなで守るための活動もしています。各センターにはフルキのスタッフが2人います。勉強や職業訓練、女の子の悩みを聞いて心のケアをするなど、女の子にとってとても身近で大切な存在になっています。定期的にフルキのプロジェクトマネージャーやシャプラニールのスタッフがセンターを回り、しっかり運営がされていることを確認しています。支援センターはシャプラニールとフルキのお互いへの信頼と、家事使用人の女の子に子どもらしく過ごしてほしいという思いのうえに立てられたセンターです。

センターでは週5日、家事がひと段落する午後の数時間、ベンガル語*や英語の読み書き、算数といった基礎教育のほか、保健衛生や性教育など女の子の日常生活に必要な知識を教えています。ゲームで遊んだり歌や踊りのレクリエー

***ベンガル語**：バングラデシュとインドの西ベンガル州で使われている言語。バングラデシュでは国語に、インドでは公用語の1つに指定されている。話す人の数は2つの地域で2億人を超える。アジア人初のノーベル賞を受賞した文学者で、インドとバングラデシュの国歌を作詞したタゴールの母語もベンガル語。

ションの時間があったり、簡単な裁縫やアイロンかけ、掃除の仕方も学ぶことができます。

これらのカリキュラムは、女の子が自信をもつことができ、仕事のスキルをあげて、正当な評価を受けられるようになることを目的にしています。決められたカリキュラムを修了すると、修了証が発行されます。センターはすべて無料で、運営費は日本の一般の人びとや企業からの寄付、民間財団、日本政府からの助成金でまかなっています。

また年に1回、運動会と学芸会を一緒にしたような行事もおこなっています。参加者には賞状や景品が贈られ、全員が脚光をあびることのできるハレの日になります。1年に1度の行事が楽しみで、卒業生が顔を出してくれることもあります。

シャプラニールでは、14歳未満の女の子は小学校に通うよう、本人や雇い主、保護者へ働きかけることを基本方針にしています。一度も学校に通ったことがない女の子や、途中でやめてしまった女の子も、学校に通うことが大切なのです。一方、14歳以上の思春期に入った女の子にとって、小学校に編入し、年下の子と席を並べて学ぶことは現実的ではないので、センターに来るように

●どこを触られたら性的に問題なのかをみんなで考える授業

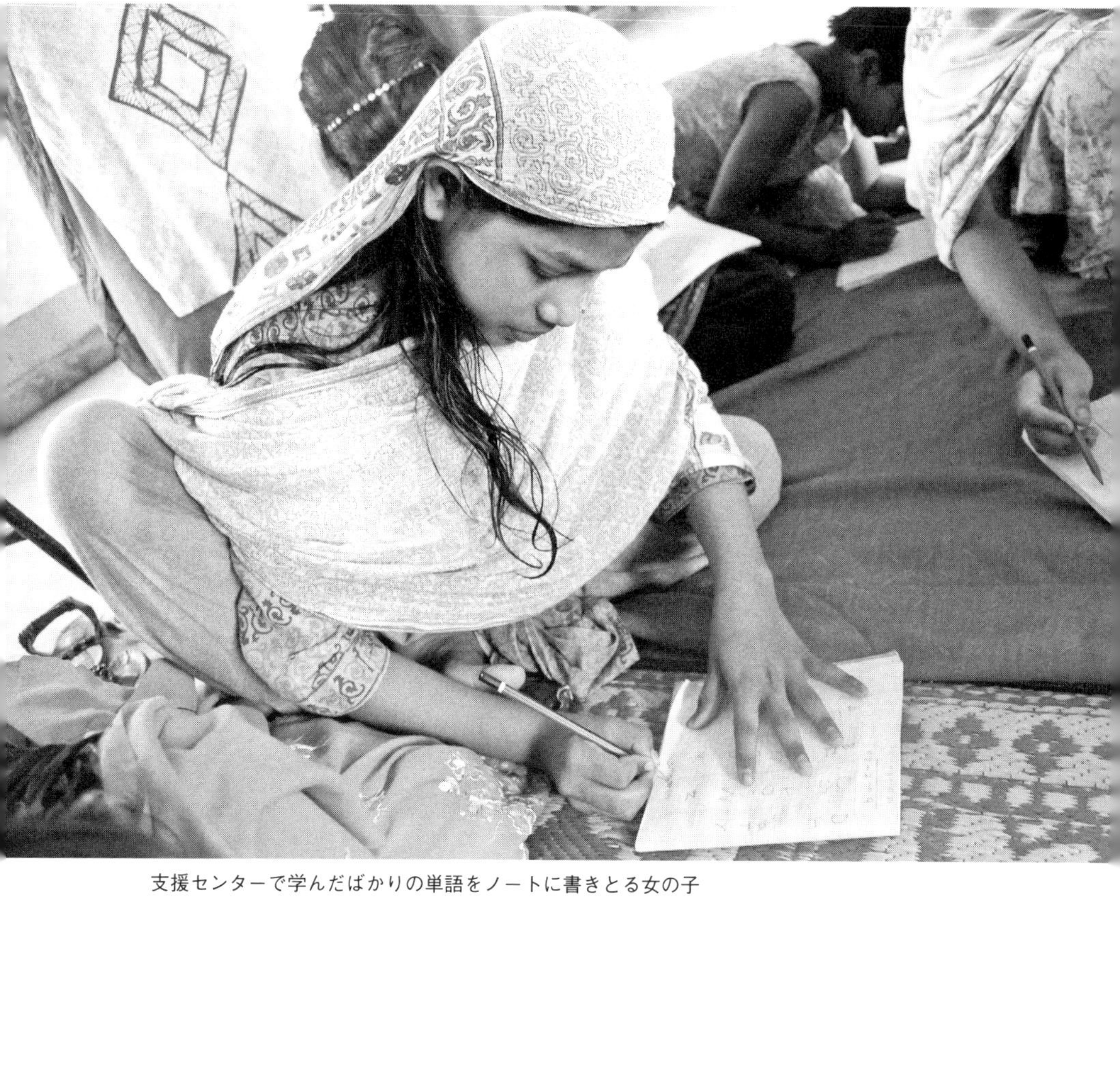

支援センターで学んだばかりの単語をノートに書きとる女の子

呼びかけています。

センターは学校に行っていない女の子が、同年代の女の子と遊んだり、学んだりして、自分の可能性を広げる場所です。また、友だちをつくったり、センターのスタッフから愛情を受けることで、他人との信頼関係をはぐくみ、自己肯定感を育てていく場になっています。

18歳までに女の子の59%が結婚しているというバングラデシュでは、結婚した後もつづけられ、村でも収入が得られる技術を身につけたいという強い希望をもっている女の子もいます。その要望を実現するために、14歳以上の女の子やカリキュラム修了者には、縫製や染色、刺しゅうなどの技術習得の機会を提供しています。

サビハさん（19歳）は、センターでカリキュラムを修了したあと、仕立てと縫製の研修を受けました。家事使用人として働きながら、女性服や子ども服の仕立ての注文を受けているサビハさんは、女の子の憧れです。

②雇い主への働きかけ

寝食をともにする親や雇い主は、女の子の生活のさまざまな場面において強

●注文を受けた服をミシンで縫うサビハさん

支援センターでルーレットゲームを使いながら保健衛生の知識を学んでいる女の子たち

い決定権をもっています。学校をつづけさせるか、やめて働きに出すか、どれだけの仕事をさせるか、休みは与えるかなど、女の子は自分で決めることができません。親や雇い主といった周りのおとなが、女の子の権利を理解し、労働や生活の環境改善をすることが不可欠です。

雇い主に集まってもらい話をすることがありますが、働く女の子にも「権利」があることを伝えると、たいていの雇い主は身構えてしまいます。反対に「子どもの頃に好きだった遊び」「楽しかったこと」「悲しかったこと」から話をはじめると、初対面でも盛りあがります。お互いの気持ちがほぐれたところで、親元を離れた女の子の気持ちに話を移すと、ほとんどの雇い主が女の子のさびしさを理解するようになり、態度に変化がみられます。

一番大切なのは年齢に応じた教育の機会を保証することです。14歳未満の子どもなら学校に通うこと、14歳以上であれば労働環境の改善と技術訓練の機会を与えることなどを、家庭訪問や集会を通して根気強く伝えています。

③地域社会への働きかけ

女の子の保護者や雇い主への働きかけは終わりのない活動です。地域にはセ

●運動会で音楽にあわせてダンスを発表する女の子たち

ダッカ西部の住宅街でおこなわれた支援センター主催の運動会

ンターに来ることができない女の子や、移住してくる家族がたくさんいるからです。家事使用人の女の子に問題が起きていないか、きちんと休みを取れているかなど、見守る目が多ければ多いほど、女の子の安全性は高まります。ダッカ市内3カ所のセンターでは、地域にある自治会などの住民組織や市役所にも協力を求め、女の子の見守り活動に理解を求めています。

最近センターを新設した地域では、事前に自治会を訪問してセンターの活動を説明したことが功を奏して、「信頼できる活動をしている団体なので、ご協力お願いします」というお墨つきの文書をもらいました。門前払いをされることが多い家庭訪問も、この文書を示したところ、働く女の子に話をさせてもらうことができました。

また、センターの開所式や行事に自治会の役員を招待し、実際の活動をみてもらうことで、地域の人の理解を得ています。こうした活動を通して地域で働く家事使用人の女の子の存在に関心が向くしくみをつくっています。

④人びとの意識を変えるための広報活動

●つくったペーパークラフトをみせる女の子。技術を身につけることで将来の選択肢を広げたり、雇い主に認めてもらえるようになる

＊シャプラニールと現地ラジオ局が、子どもの権利や家事使用人として働く女の子たちが直面する問題についてラジオ番組を制作。1年目は専門家や元家事使用人を招いたトークショーを週に1回、4〜5回シリーズで放送し、2年目は家事使用人として働く女の子を主人公とした連続ドラマを3カ月間放送した。

●都会でラジオを利用して雇い主にアプローチ

多くの女の子が働くダッカ市内で、2017年からラジオ番組*を制作・放送しています。雇い主の意識を変えることを目的に、女性や子どもの問題に高い関心をもっているラジオ局と提携して作成した番組です。働く女の子の問題にくわしい人によるトークショーや、女の子の日常を再現したドラマなど、親しみやすく伝える工夫を盛り込みました。

●街頭キャンペーン

2013年と2014年に児童労働反対世界デー*のイベントとして、ダッカ市内の高校生、大学生ボランティア、NGO関係者、地域住民、新聞記者、そして家事使用人として働く女の子自身が参加したキャンペーンをおこないました。「ほうきではなく、本をください」というスローガンを掲げ、イラストが描かれたステッカーやポスターを人目につきやすいバス停やバス、リキシャなどに貼り、スローガンのかかれたTシャツを着たボランティア400人あまりがダッカ市内を練り歩き、活動をアピールしました。

このキャンペーンを通じて、社会的課題を解決したいと動く人たちがたくさ

＊児童労働反対世界デー：6月12日。世界中で、児童労働について知り、考えて、行動を起こす日として、2003年に国際労働機関（ILO）が制定。毎年テーマを決めて児童労働について情報を発信する。「サプライチェーンから児童労働をなくす」（2016年）、「紛争や災害の被災地で、子どもたちを児童労働から守る」（2017年）。FIFA（国際サッカー連盟）をはじめ国際機関やNGO、スポーツ業界が協力して、サッカーボール産業の児童労働撤廃に取り組んだ事例などがある。

●人力車に貼られたキャンペーンのステッカーには、「ほうきではなく、本をください」と書かれている

んいること、「子どもが働くのはふつうではない」と児童労働の問題に反応する若い人がたくさんいることがわかり、その後の活動の励みになりました。

●農村部でラジオを利用して女の子の保護者にアプローチ

バングラデシュの一部の農村で、地域に根ざした情報を発信するコミュニティ・ラジオが放送されています。コミュニティ・ラジオはＮＧＯや財団などによって運営されており、バングラデシュ全土で現在17局あります。その中から子どもが働きに出ることの多いとされる地域6局を選び、児童労働の問題や家事使用人として働く女の子をテーマにした番組を制作しています。

コミュニティ・ラジオは、地元の話題や社会問題など身近なテーマを取りあげ、地域特有のいい回しや方言を使います。歌やドラマなどを多用し娯楽性が高いため、テレビが普及していない地域ではとても人気があります。ラジオ局の運営や番組制作に直接若者がかかわっているラジオ局も多く、村人がインタビューで登場するといった、参加型の番組づくりが特徴になっています。

これまで、家事使用人として働く女の子を取りあげた番組をバングラデシュ全国のラジオ6局で放送しました。「学校に通わせてもらうという約束が守ら

●家事使用人の問題を放送したコミュニティ・ラジオ。リスナーから多くの反響があった

れず、休み時間もほとんどない働き詰めの状況であること」「ちょっとしたミスで怒鳴られたりたたかれたりしていること」「親元を離れて頼る人もいない都会でさびしさを１人がまんしていること」など女の子の実情をドラマや体験談などで伝えました。地元の人権活動家、ＮＧＯのメンバー、福祉担当官による児童労働の討論もあり、ラジオを聞く人をひきつけています。

「ダッカで働く娘のことを思うとつらい」と涙ながらに電話をしてきた母親や、たまたまつけたラジオでドラマを聞き娘を働きに出すのをやめたと電話をしてきたトラック運転手の父親など、ドラマ仕立ての児童労働のリアルな姿は大きな反響を呼びました。多くの人に聞いてほしいというリスナーのリクエストを受けて、再放送をくり返しているラジオ局もあります。多くの人が聞くラジオ、その影響力は無視できないものがあります。

⑤政府への働きかけ

２０１５年12月、「家事使用人の保護と福祉に関する政策」*が閣議で承認されました。この政策は、家事使用人として働くすべての人を対象としたもので す。12歳以下の子どもの雇用を禁止、12歳以上14歳未満の雇用は一定の条件を

●シャプラニールの日本人スタッフ（左端）がバングラデシュのテレビ番組に出演し、ベンガル語で家事使用人の問題を訴えた

＊**家事使用人の保護と福祉に関する政策**：家事使用人として働くすべての人の労働環境の改善を目指したもので、雇用の年齢制限のほか、雇用する場合には書面もしくは第三者立ち合いのうえで契約を結ぶこと、賃金を支払うこと、休日や休憩を保証することなどが書かれている。

満たした場合のみ可能としています。

2010年に案が提出され、閣議で決定するまで5年の年月がかかりました。当事者団体や人権支援組織、バングラデシュの国際NGOが手を携えて、政府に対して速やかな承認を求める運動をおこなった結果、実現した政策でした。それまでバングラデシュの社会では、家事使用人として働く女の子が「みえない存在」であったことを考えると、大きな前進です。

しかし、これはバングラデシュ政府の政策に過ぎず、政策に違反しても雇い主が罰を受けることはありません。女の子の権利を守るためには「政策」を、「法律」にすることが必要です。さらに法律として施行されても、法律が守られているかを常に監視し、違反したケースを摘発して、法律を守らせる体制が不可欠です。

政府の政策を前進させた各関係者は、子どもの権利を擁護する活動をおこなっている国内のNGOなどとの連携を深め、児童労働に関心をもっている議員グループとの対話をおこなったり、女性記者を中心にした勉強会を開いたりしています。世論に実情を訴えて、政府の政策をさらに推し進める必要があります。

●「働く少女たちにも学ぶチャンスを」と呼びかけながら街を歩く大学生ボランティアたち

街頭キャンペーンに参加した使用人として働く女の子たち。手にしているのは支援センターの修了証

第8章　発展途上国への国際協力はどのように進んできたのか？

活躍する世界のＮＧＯ

第7章では、主にシャプラニールの取り組みを紹介しました。シャプラニールのように発展途上国で支援活動をする民間の団体は国際ＮＧＯと呼ばれています。さまざまな団体が、世界の各地で貧困や紛争、災害など、その地域特有の問題解決のために活動をしています。

世界のＮＧＯの活動は、第一次世界大戦頃から徐々に拡大しました。たとえば、イギリスで設立されたＮＧＯセーブ・ザ・チルドレンは第一次世界大戦後の飢えに苦しむ子どもたちを救う活動からはじまりました。国際赤十字は、第一次世界大戦より前からありましたが、敵味方にかかわらず負傷した兵士を助けるための病院運営や戦争捕虜の保護など、活動の幅を広げたのはこの時期です。

先進国のＮＧＯによる途上国への支援活動が活発になったのは、第二次世界大戦以降になります。１９６０年～70年代にかけて、アジアやアフリカの国ぐにが独立をしました。植民地だったこれらの国は独立こそなしえたものの、発展から取り残され、人びとは苦しい生活を送っていました。先進国と発展途上国の経済格差が目にみえてひどくなったのはこの時期です。世界地図上で豊かな国が北側に、貧しい国が南側に偏っていたことから、この問題は「南北問題」と呼ばれました。そして、途上国の貧しい人びとを助け、南北問題を解決するために、先進国のＮＧＯが途上国で活動を開始することになります。

一方、途上国の側でも、１９７０年〜80年代にかけて、自分たちで自分たちの暮らしをよくしようと活動する現地ＮＧＯがつぎつぎと設立されました。ＮＧＯというと先進国の人がやってきて、途上国で井戸を掘ったり、食べものや衣服を配ったりというイメージがありますが、これらはＮＧＯの活動のほんの一部でしかありません。ＮＧＯの中には途上国の人びとがつくったものもあり、その活動内容はとても多彩です。

アメリカの経済学者で自身も国際協力の活動にかかわるデビッド・コーテン*が、フィリピンやインドネシアでの支援経験をもとに、ＮＧＯの活動スタイルを４つのステップ（世代*）に分類しています。現地が抱える問題を解決するためのＮＧＯの活動が進化していく過程が、この４つのステップでわかりやすく説明されています。この４つのステップを手がかりに、国際協力の活動のあり方や意義を考えてみましょう。

＊デビッド・コーテン：アメリカの経済学者。フォード財団プロジェクト・スペシャリスト、アメリカ国際開発庁アジア地域顧問（フィリピン、インドネシアで活動）などを経て、「民衆中心の開発フォーラム」代表を務める。『ＮＧＯとボランティアの21世紀』（学陽書房、１９９５年）で、ＮＧＯ活動の役割を検証した。『グローバル経済という怪物——人間不在の世界から市民社会の復権へ』（シュプリンガー・フェアラーク東京、１９９７年）では、資本主義経済の問題点を指摘し、市民活動の重要な役割を提起している。

＊コーテンは、著書『ＮＧＯとボランティアの21世紀』の中で、ＮＧＯを４つの「世代」にわけて分析しているが、本書では議論をわかりやすくするために「世代」を「ステップ」にいい換えている。

第1ステップ：いま必要なモノを届ける

第1ステップは、困っている人が、いまこれがあったら助かるというものを提供する活動です。たとえば、災害の被災地で食料や物資を配ったり、途上国に学校を建設したりする活動がこの第1ステップに分類されます。このような活動は、「人道支援」と呼ばれることがあります。

シャプラニールの活動でいえば、家事使用人の女の子が通う支援センターの開設がこのステップにあたります。しかし、この第1ステップの活動では、支援を受ける側が、なぜ必要なものを手に入れられないのかは、問題にしません。たとえば、なぜ食料や物資が不足する状況が生まれるのか、なぜ学校に行けない子どもがいるのか、なぜ家事使用人の女の子がきびしい状況に置かれているのか、といった問題の原因には目をつぶる傾向があります。

目の前に苦しんでいる人がたくさんいれば、まずはその人が生き延びるために支援を集中させるのは当然かもしれませんが、第1ステップの支援は対症療法になりがちで、現状を一時的に改善する以上のことはほとんどできません。

●ネパール大地震の被災者に食料や毛布などの支援物資を渡すシャプラニールのスタッフ

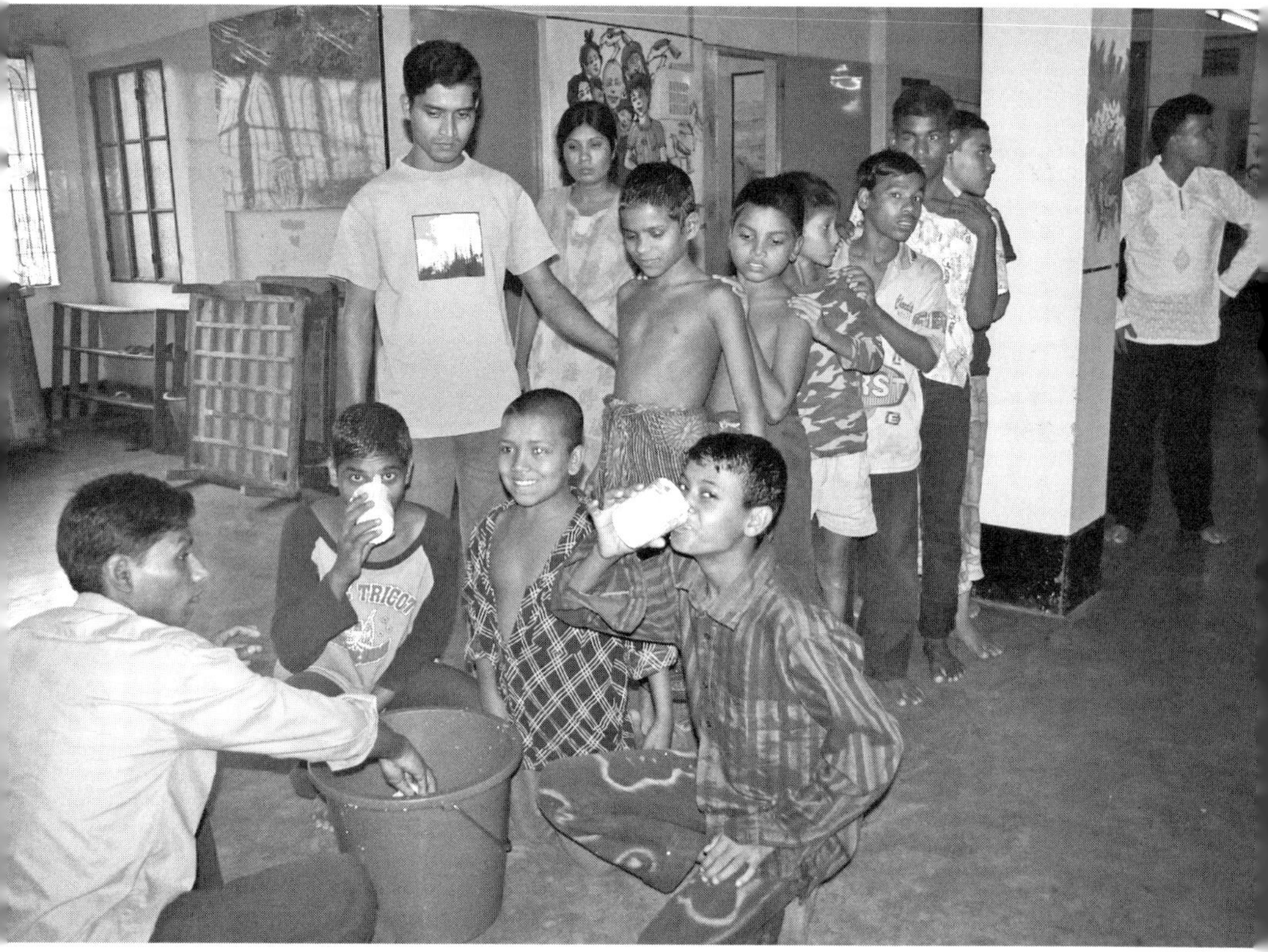

NGO が配給する牛乳を飲んで栄養をとるストリートチルドレン

また、現地で不足しているものを永遠に供給しつづけることは不可能なので、遅かれ早かれ支援活動は限界をむかえます。それどころか、モノを提供しつづける活動が「援助依存体質」*を生み出してしまい、そこに暮らしていた人びとが自ら生活をよくしていこうという気力を、奪ってしまうという悪影響が出る可能性すらあります。

シャプラニールが支援センターを運営しても、つぎつぎと農村から出てくる家事使用人の女の子全員に対処することはできません。もちろん、大変な境遇で働いている女の子を支援することが大切な活動であることはいうまでもありませんが、新たな視点からのアプローチも必要です。

第2ステップ：課題を解決する能力を高める

第2ステップの活動は、問題を抱えた人びとが自ら問題解決できるような能力を向上させることです。第1ステップから第2ステップへの移行は、「魚を与えるのではなく、魚の釣り方を教える」とたとえられることもあります。魚の釣り方を身につければ、人から魚をもらわなくても、自分で魚を手に入れる

●ネパール大地震の被災者に配る食料を小分けにする若いボランティアたち

＊援助依存体質：援助によって得られる物資のみで長期間生活をつづけることによって、援助なしでは生きられなくなってしまうこと。国レベルでは、先進国から多額の援助資金が提供されることにより、途上国の政府が自国の発展のための自助努力（困難の解決や成長を自力で進めていくこと）を怠る状態。

ことができます。

井戸のない村で、自分たちの力できれいな水を確保するには、きれいな水が衛生上いかに重要なのかを村人が知り、井戸を掘る技術や資金の集め方を学び、掘った井戸の管理のためのルールをつくるなど、自分たちの生活を自分たちでよくしていくための話し合いや、それを実現するリーダーの育成、組織づくりの知恵が必要です。

ごく小規模の農民たちが集まってグループをつくり、より付加価値が高い有機農法の技術を学ぶ活動や、貧しい女性がグループをつくって貯蓄や識字教育*をおこなう活動などが各地で取り組まれています。住民自らがプロジェクトに参加する参加型開発*、人びとの能力の強化を目指すエンパワーメント*の考え方が、第2ステップでは重要になります。

家事使用人の女の子の支援センターの例でいえば、現地のNGOが住民や企業などから運営資金を集め、地域の力によってセンターが運営できるように、現地のNGOを育成していく活動がこの第2ステップにあたります。メディアや地方自治体とともに集会やシンポジウムを開催する活動は、地域の人びとの関心を高め、活動の基盤をつくるためのものです。

＊識字教育：経済的・社会的な理由から基礎教育の機会が奪われ、文字が読めない人が読み書きを身につける教育活動。

＊参加型開発：現地の人が参加して問題解決のプロジェクトを実施していくこと。当事者が参加することで、地域の人びとが本当に必要としている事業がなんなのかが明確になる。国際協力の現場では支援する側が活動内容を決めてしまうケースが多く、現地の人が本当に必要としている援助がおこなわれないことがある。

＊エンパワーメント：すべての人間が潜在的に素晴らしい能力をもっているという前提のもと、外部からモノを与えるのではなく、教育や支援によってその人が本来もっている能力を最大限に引き出すこと。

また、雇い主への家庭訪問を通じて、女の子の待遇を改善する活動や、雇い主や保護者に対して子どもの権利に関する勉強会への参加を呼びかける活動も、当事者の間で問題を話し合い、「自分たちで解決する能力」を高める機会になります。

第3ステップ：貧困を生み出す社会のしくみを変える

自分たちに起こっている問題は、社会全体が抱える問題であり、当事者や一部の理解ある支援者ががんばっても、解決がむずかしいケースがあります。児童労働から子どもを守るための法律が整備されていなかったり、あってもきちんと守られていなかったりという問題は、ＮＧＯだけでなく政府が本腰をいれて対策をねらなければならない課題です。

たとえば、バングラデシュで小学校に通わずに、仕事をしている子どもがいる現状は、保護者も雇い主も義務教育制度を無視しており、国もそれを放置しているという問題があります。このような社会構造を変えていくことにアプローチしていかない限り、現状を大きく改善するのは困難です。

「ほうきではなく、本をください」と書かれた横断幕を持ち、家事使用人として働く子どもの問題を訴える学生（2014 年児童労働反対世界デー）

家事使用人として働く子どもの問題を訴えるキャンペーンに参加する男子の学生ボランティア

第3ステップは、地域レベル、全国レベルで政策や制度を変革して、社会のルールを変えようとする活動です。問題を社会、国の視点から考えて、社会の制度や法律、そして人びとの認識を変えるための活動をおこないます。

児童労働が当たり前の社会を変えようとするシャプラニールの「児童労働削減キャンペーン」は、バングラデシュの子どもの権利を守るための活動を展開するさまざまなNGOと連携して取り組まれ、その成果として「家事使用人の保護と福祉に関する政策」がバングラデシュ政府によって採択されました。キャンペーン活動は、社会的なアピールに終わることなく、政策提言活動*と一体になって、政府や自治体の政策や制度、法律の実現を目指していきます。

第4ステップ：地球規模で社会をよくする

最後のステップが、地球規模での活動です。貧困や紛争、環境などの社会問題はその国だけの問題ではなく、国際的なルールに問題がある場合が大半です。問題を解決するためには、国を越えて政策やルールを変革する必要があります。

***政策提言活動**：社会問題を解決するために、自治体や国に働きかけて、制度や法律の改善を提案する活動。英語ではアドボカシー（擁護、支持、提唱の意味）。

そのため、途上国のNGOや政府、先進国のNGOなどが連携して、国際社会を変えていこうとみんなで行動を起こすのが第4ステップになります。二酸化炭素を減らすことの必要性を政府に訴え、国際条約*への加入を促す活動や、世界各地の原子力発電に反対する人が情報を交換して、政府に提言していく活動などがあります。

貧困の大きな原因の1つに、途上国に不利な貿易のしくみがあります。「フェアトレード*」は途上国の生産者に不利な貿易のしくみを変えることを通じて、貧困を削減しようとする活動です。子どもが働きに出される大きな原因に家庭の貧しさがありますが、親が仕事をし、その社会で子どもを育てていくのに十分な収入が得られれば、子どもが働くことなく、学校に通うことができます。

たとえば、バングラデシュでつくられる990円の格安ジーンズ*は私たちにとっては魅力的な商品ですが、990円では十分な利益をあげることができない可能性があります。そのため、格安ジーンズを私たちが買うことは、経営者がきちんとした額の賃金を工員に払えなかったり、経費を抑えるために子どもを働かせることにつながっているかもしれません。

***国際条約**：文書による国家間の取り決め。守らなければならない国際的なルール。国連などの国際機関が条約の内容をとりまとめ、各国がそれを認め、実施する方式もある。

***フェアトレード**：公正な貿易。発展途上国の原料や製品を適正な価格で継続的に購入することにより、立場の弱い発展途上国の生産者や労働者の生活改善と自立を目指す貿易のしくみ。

*『990円のジーンズがつくられるのはなぜ？　――ファストファッションの工場で起こっていること』（長田華子著、合同出版、2016年）がその様子を報告している。

このように、第４ステップの活動の現場は、途上国でつくられた商品を購入している私たちの側にもあります。現代社会においては、問題が起きている現場との距離に関係なく、フェイスブックやツイッターなどのＳＮＳによって、地球規模で情報を配信、共有することができます。現地の人びとの思いや現状を多くの人びとが同時に共有することで、小さなグループの活動や途上国の人びとによる現地のキャンペーン活動などを地球規模のアクションに発展させることができます。

地球規模でのキャンペーン活動が注目されている国際ＮＧＯ「核兵器廃絶国際キャンペーン（ＩＣＡＮ）」*は、各国政府に対して核兵器禁止条約への理解を求める運動を展開し、２０１７年にノーベル平和賞を受賞しました。ＩＣＡＮの活動は第４ステップの代表例といってもよいでしょう。ＩＣＡＮは日本のヒューマンライツ・ナウやピースボートといった団体とも連携しており、まさに地球規模の活動が展開されています。

4つのステップが同時におこなわれている

***核兵器廃絶国際キャンペーン（ＩＣＡＮ）**：核兵器の非合法化・廃絶に取り組んでいるＮＧＯの連合体。核の非人道性を訴え、核兵器の開発・使用・保有を禁じた「核兵器禁止条約」の国連採択（２０１７年７月）に主導的役割を果たしたとして、同年10月にノーベル平和賞を受賞。日本ではピースボートなどが参加している。ＩＣＡＮの設立メンバーは20代、30代の若者たちで、インターネットやＳＮＳを駆使して世界のＮＧＯなどと連携し、条約に賛同する国を少しずつ増やす活動をおこなった。

このように、家事使用人の女の子を支援するといっても、その方法や目的は多種多様です。シャプラニールも、女の子に対して直接支援を提供する活動からスタートして、現在ではより大きな制度や政策、社会を変える活動へと支援の内容を変化させていっています。

一方で、第1ステップから第2ステップへと活動を発展させたからといって、第1ステップの活動をやめるわけでも、必要性がなくなるわけでもありません。また、第3ステップ、第4ステップのような社会のルールを変えようとする活動だけをしていると、現場で本当に困っている人たちの現状がみえなくなってしまうという問題もあります。それでは、いくら窮状《きゅうじょう》を訴えてもリアリティに乏しくなってしまいます。

第1ステップから第4ステップまでの活動は、必要があれば同時におこなわれることもあり、第1ステップよりも第4ステップの方が優れているということではありません。とくに、災害救援や難民支援などの場合には、一時的に極度のモノ不足に陥ることから、第1ステップの活動が不可欠です。

2016年〜18年にかけて、80万人ものロヒンギャ*がミャンマーを追われてバングラデシュに難民として避難してきました。問題の解決にはミャンマー政

＊ロヒンギャ：主にミャンマー西部のラカイン州に暮らす約100万人のイスラム系少数民族。ミャンマーの多数派を占めるビルマ人とは、宗教、言語、顔立ち、肌の色などが異なる。ミャンマー政府はロヒンギャ民族の存在そのものを否定し、バングラデシュからの不法移民であるとして、国籍を認めていない。1970年代から数十年にわたって差別と迫害に苦しめられており、多くの人が隣国バングラデシュをはじめとした国外に逃れている。

府や国際社会に対する第3ステップ、第4ステップの働きかけが必要ですが、着の身着のままで避難した人びとが生き延びるには、食糧や水、住居といった第1ステップの国際的な支援が不可欠なことはいうまでもありません。

このような第1ステップの活動は、目にみえる自然災害や紛争被害への支援として必要性が訴えやすく、募金への協力も得やすいという傾向がみられます。逆をいえば、現地に日本人駐在員を置いて、長期にわたって第2ステップ、第3ステップ、第4ステップの活動を展開しているNGOは、活動の緊急性が低くみられがちで、どこも活動資金を集めるのに苦労しています。

しかし、対症療法的な第1ステップの限界はこれまでみてきたコーテンの理論からも、現場で活動するNGOの経験からも明らかです。避難してきた80万人のロヒンギャ難民や33万人の家事使用人の女の子に、資金や物資を提供しつづけることは残念ながら不可能といわざるを得ません。NGOの活動は、支援する市民の理解や企業のサポート*があってはじめて成り立つものです。先進国と呼ばれる支援する側に暮らす私たちが、NGOの活動を理解し、自分ができる形で参加していくことが、世界の貧困問題を解決する重要なカギになっています。

●難民キャンプで配給物資を運ぶロヒンギャの人びと

＊企業の社会的責任（CSR）：企業が利益の追究だけでなく、消費者や社会全体が豊かになるための経営・支援活動をすること。たとえば、工場から出る有害な煙や汚水を減らす活動や森林伐採をおこなった山に苗木を植える活動などがある。また、社会貢献活動も含まれ、文化芸術支援、人権保護、女性の地位向上に向けた活動などさまざまな取り組みがおこなわれている。企業がNGOに寄付をする取り組みもCSRの一環である。

第9章　私たちにできることはなに？

同じ地球に生きる仲間として

私たちは、なぜ遠くに暮らすバングラデシュの貧しい人びとを助けなければいけないのでしょうか？

なぜバングラデシュで家事使用人として働く女の子のことを、「遠い国の知らない人」ではなく「同じ地球に生きる仲間」として感じる必要があるのでしょうか？

この質問に明確な答えはなく、助けることが義務だといい切ることもできません。でも、私たちになにができるのかを検討する前に、私たちが世界の問題にかかわることの意味について考えてみたいと思います。

①人は助け合うものだから

困っている人を助けることはよいことだと、だれもが小さい頃におとなから聞かされてきたと思います。高齢者や妊娠中の女性、体の不自由な人に座席を譲ったり、目のみえない人には手をさしのべたりすることを私たちは当然のこととして捉えています。自分がある程度満たされた状態であるならば、困っている人を助けるべきであるという考え方は、困った人を救うだけでなく、自身の自尊心を高めることにもつながります。

だれしも、目の前に行き倒れた子どもがいたら助けようと思うはずです。たとえそれが見ず知らずのバングラデシュのストリートチルドレンでも、家事使用人としてきびしい毎日を送る女の子でも。

問題は、それが遠くのバングラデシュという国で、家の中で働かされているので普段「みえない」ということです。世界には、家事使用人の女の子のように、人知れず苦しんでいる人がまだまだたくさんいます。その存在を知ること、そして彼女たちの日常や苦しみに想像力を働かせることによって、助けるべき対象が、距離の近い・遠いや民族、宗教のちがいによって区別されることはなくなります。大切なことは、知ることを通じて人びとの苦しみを理解しようとする「共感力」です。

②私たちの生活とかかわりがあるから

グローバル化が進み、モノや情報が自由に行き来する現代社会において、家事使用人の女の子と私たちの生活がまったく無関係だといい切ることはできません。たとえば、私たちが着ている安価なバングラデシュ製の服をつくっている人が、十分な賃金がもらえず、子どもを家事使用人として働かせざるを得ない状況に追い込まれているかもしれません。

日本企業が直接バングラデシュの人びとを雇っているようなケースにおいては、このようなことはないかもしれませんが、現地の下請け業者に生産を委託しているような場合には、生産現場がどうなっているのかをすべて把握することはとても困難です。

また、社会として子どもの家事使用人労働が許容されているため、私たちが使うものを生産しているバングラデシュの会社の社長が、子どもを雇って、家事使用人として働かせている可能性もあります。世界の国ぐにと自分たちの生活がつながっているグローバル社会においては、遠くの国で起きている貧困に道義的責任がないとはいい切れないのです。

③よりよい社会をつくるために

世界中で、過激派組織*によるテロは収まる兆《きざ》しはみえず、その脅威はむしろ

***過激派組織**：過激な言動をとることで自らの主張をアピールし、共感を得ようとする団体。テロなどの暴力的な行為に出ることもある。貧困層が自らの境遇に不満をもち、社会を変えることによって自分の置かれた状況をよくしようとして過激派組織に加わることがある。過激派組織も不満をもった貧困層を自らの組織に取り込む活動をおこなっている。貧困だけでなく、宗教や民族に対する差別や迫害も人びとが過激派組織に引き寄せられる要因になっている。

広がっています。自分の命をかけてまで多くの若者が過激派組織に引き寄せられ、残虐な行為に手を染めるのはなぜでしょうか。宗教的な理由だけでなく、貧困や人間関係など、その理由はさまざまですが、自分の置かれた境遇になんらかの疑問を感じていたことは確かです。

もし、家事使用人の女の子が将来に希望をもてないと思ってしまったら、その中からテロのような暴力行為に荷担する人や、麻薬取引などの非合法な仕事に手を染める人も出てくるかもしれません。そのような極端な行動に出ないとしても、生活苦から経済難民となって、祖国を出ざるを得ない人は世界にたくさんいます。

一方で、もし家事使用人の女の子が教育を受けられるようになれば、将来的にその能力を開花させ、バングラデシュ社会、ひいては世界をよりよい方向に導いてくれるかもしれません。起業家となって、日本、バングラデシュ間の貿易を活発にしてくれる可能性もあります。ムハマド・ユヌス博士*のようにノーベル平和賞を受賞するような人も出てくるかもしれません。

＊ムハマド・ユヌス： 65ページ参照。

④自分たちの生活を見直すために

もし、途上国といわれる国の人びとが日本に暮らす私たちと同じような生活を送ったら、食べものも電気も資源も、地球にあるだけでは足りなくなってしまいます。逆をいえば、私たちの大量生産・大量消費社会は、地球に相当な負荷をかけることによって成り立っているのです。

私たちは途上国の貧困をなくしたいと思っていながら、もし、みんなが豊かになってしまったら、いまと同じような生活を送れないというジレンマを抱えています。家事使用人の女の子が幸せな人生を送れ、なおかつ私たちも一緒に豊かになれる社会をつくるためにはどうすればよいのか、国際協力は自分たちの生活を見直すきっかけにもなります。

また、貧困は、バングラデシュだけでなく日本の社会にもみられる問題です。貧しい国の問題を考えることで、自分たちの国が直面する社会問題の解決策を探る手がかりが得られることもあります。２０１７年にバングラデシュのユヌス博士の協力で、貧しい人にお金を貸し出すことによって生活を改善するマイクロ・クレジット*というしくみが日本でも導入されることになりました。

これからの国際協力は、途上国に先進国が教えるという一方通行の関係では

＊マイクロ・クレジット：貧しい人にお金を貸し出すことによって生活を改善する金融のしくみ。66ページ参照。

なく、互いに学び合う双方向の関係が求められています。国際協力は同じような考えをもっている世界中の人びととつながることで、すべての人びとが豊かに共生できる地球社会を考えるきっかけになります。

このように、遠くの国の人を助ける理由は人それぞれです。どれが正しいとは一概にはいえませんし、助けることを強要することもできません。それでもこの本を読んで家事使用人の女の子に関心をもち、女の子のためになにかできないかと思った人がとれるアクションをつぎに紹介します。

家族や友だちと一緒に考えてみよう！

本やインターネットで情報を得るだけでなく、新しく知ったことを考えたり、人に伝えたり、意見交換したりすることは、より考えを深め、新たな視点を発見するきっかけになります。

その方法として、ワークショップ*という手法があります。シャプラニールでは、自分の生活と家事使用人として働く女の子の生活を比べてみる教材*、写真

＊ワークショップ：少人数のグループワークによる学びの場。参加者が主体的に参加し、自分の考えや知識、意見などを出し合い、相互作用の中から学びあったり創り出したりする。

＊教材：シャプラニールが開発した家事使用人の支援にかかわる教材や児童労働に関する教材。ウェブサイトからダウンロードできる。

から女の子の状況を想像する教材、女の子を取り巻く人びとの思いを知る教材などを用意しています。こういった教材を通じて、家族や友だちと話し合いましょう。また、貸し出し用の写真パネルを使って写真展を実施することで、家事使用人として働く女の子について広く伝えることもできます。

寄付をしてみよう!

だれかを助けたいと思ったとき、最初に思いつくものに寄付があります。現地に行って直接支援したいと思っても、簡単に現地に行けるわけではありません。寄付は遠くに暮らす私たちができる立派な国際協力の1つです。[＊] しかし「応援したいけどお金がない……」そんなふうに思う人もいるかもしれません。1人でするのではなく、学校や職場に募金箱を置いてみたり、街頭で募金活動をしてみたりすることも1つの方法です。

さらに、不要になったものを寄付して応援する方法や、パソコンや携帯電話から簡単に寄付ができるしくみもあります。最近ではクラウドファンディングという新しい寄付のしくみが注目されています。クラウドファンディングと

＊シャプラニールでは、公式ウェブサイト、Ｙａｈｏｏ！ネット募金、ＧｉｖｅＯｎｅにて家事使用人として働く女の子を支援するための募金を集めている。

■寄付の主な窓口

① Yahoo! ネット募金
日本最大級の寄付ポータルサイト。被災地域の復興、貧困に苦しむ子どもたち、ペットの殺処分問題など、さまざまなプロジェクトに寄付で支援できる。クレジットカード、T ポイントを使って寄付できるのが特徴。

https://donation.yahoo.co.jp/

②オンライン寄付サイト・GiveOne
独自の審査を経た信頼できる 163 団体、250 プロジェクトを紹介。クレジットカード、ネット銀行、ペイジーで、自分の選んだ団体に寄付できる。

http://www.giveone.net/cp/pg/toppage.aspx

③ステナイ生活
シャプラニールが運営。書き損じはがきや使用済・未使用切手、本、DVD、使用済トナー・インクカートリッジなどを収集。南アジアの人びとの生活向上支援。個人、全国の学校や企業も多数参加。

https://www.shaplaneer.org/sutenai/

④クラウドファンディング・Readyfor
国内ではじめて購入型寄付（リターンとしてモノやサービスが提供される寄付のしくみ）を開始したサイト。国内外問わず数多くのプロジェクトが対象。

https://readyfor.jp/

物品寄付を仕分けするステナイ生活のボランティア

家事使用人として働く女の子が通うセンターを開設するための資金を募ったページ（2016 年 12 月終了）

■フェアトレードの窓口

①クラフトリンク
バングラデシュとネパールで、身近になる素材や暮らしに息づく伝統文化を大切にしたフェアトレード商品を販売。シャプラニールが運営、委託販売も可能。

http://www.craftlink.jp/

②クラフトエイド
タイ・ラオス・カンボジア・アフガニスタン・ミャンマーのそれぞれの民族の特徴を活かしたフェアトレード商品を販売。シャンティ国際ボランティア会が運営、委託販売も可能。

http://craftaid.jp/

③ピープルツリー
フェアトレード・ファッションの世界的パイオニア。エシカルで地球環境にやさしいファッション提供。オンラインショップ、東京都内に2カ所の直営店がある。

http://www.peopletree.co.jp/index.html

「学園祭で販売しました !!」

「商品について事前に勉強し、商品説明もできるようにしました。学校の授業の一環でフェアトレードについて学んでいたため、より具体的に説明することができました。生徒全員で商品1つひとつのポップを書いたり、校内を歩き回って来場者にフェアトレードの説明もしました。いままでフェアトレードをよく知らなかった方々にも、実際に商品を手に取ってもらうことで、商品のよさをわかってもらえたと思います」（青森明の星高等学校の生徒さん）

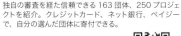

は、さまざまな理由でお金を必要としている人が、インターネット上で多数の人から資金を募るしくみです。* 応援したプロジェクトが達成したらリターン（返礼品）が送られてくる寄付が主流となっています。自分にはどういう形の寄付ができるのか、ぜひ調べてみてください。

フェアトレードに参加してみよう！

フェアトレードとは、適正な賃金の支払いや労働環境の整備などを通して生産者の生活向上を図る活動です。私たちが普段使っている商品の背景には、少ない賃金で働き、貧困に苦しむ途上国の生産者がいる可能性があります。そして、その生産者の中には子どもが含まれていることもあります。

親に仕事があり、適正な賃金が支払われていれば、子どもは働かなくてすみます。フェアトレードの商品が普及することは、生産者の暮らしを向上させ、児童労働から子どもを守ることにつながります。

お店に行ってフェアトレードの商品を探してみたり、フェアトレード商品を販売している企業や団体を探したりしてみましょう。また、フェアトレードの

＊シャプラニールは、クラウドファンディングサイト「Readyfor」を通じて、家事使用人の女の子の支援センターを開設するための資金３６０万円を集めた。

商品は買うだけでなく、自分で売ることもできます。シャプラニールをはじめとしてイベント販売という制度を用意している団体もあるので、学校の文化祭や地域のお祭りで販売して、フェアトレードの輪を広げましょう。

イベントに参加してみよう！

さまざまなＮＧＯが国際協力に関するイベントを開催しています。ＮＧＯの活動について紹介する講演会・勉強会から、実際に現地を訪れるスタディツアーまで、イベントの種類はさまざまです。自分の興味がある分野のイベントがあったら、ぜひ参加してみましょう。

本やインターネットとはちがった、現場の生の声を聞くことができます。また、イベントに参加する人はみなさんと同じように国際協力に関心のある人たちです。同じことに関心をもつ人と意見を交換したり、出会ったりする機会にもなります。

●学生ボランティアも参加してのフェアトレード商品の販売

①学生を対象としたイベント

ＮＧＯワールド・ビジョンでは、毎年夏に小学生向けのサマースクール*を開催しています。途上国の子どもたちの日常生活を疑似体験するなど、参加型プログラムで楽しく学びを深めることができます。

シャプラニールでは、毎年夏に中学生・高校生向けの宿泊型イベント「ユース・フォーラム*」を開催しています。ユース・フォーラムは大学生が中心となって企画・運営をし、日本中の中学生・高校生が参加します。ワークショップやＮＧＯ団体訪問などを通じて、国際協力について楽しく学ぶことができます。このようなイベントでは、共通の興味をもつ人たちと、学校や学年を越えた交流ができることも魅力の１つです。

②自分の目で現地をみる

「現地をみたい！」という人は、スタディツアーに参加してみましょう。途上国でＮＧＯが活動する現場の視察や、ボランティア活動などをおこなうスタディツアーを多くの団体が実施しています。旅行会社Ｈ・Ｉ・Ｓでは交流やボランティアを主としたスタディツアーを企画しています。旅行会社マイチケッ

＊サマースクール： https://www.worldvision.jp/donate/wssummerschool.html

＊ユース・フォーラム： https://www.shaplaneer.org/youcan/volunteer/youtheam/youthforum/

●シャプラニールのユース・フォーラムで発言する中学生。国際協力に関する少しむずかしいテーマでもみんな積極的

トでは毎年、スタディツアーの合同説明会を実施しており、ＮＧＯスタッフや過去の参加者に直接質問をすることができます。

③ＮＧＯのイベント情報

国際協力ＮＧＯセンター（ＪＡＮＩＣ）が運営しているウェブサイト*では、日本全国の国際協力ＮＧＯのイベント情報が掲載されています。自分が参加したいイベントを探してみましょう。各ＮＧＯの公式ウェブサイトでもイベントやスタディツアーの情報を公開しています。

ボランティアに参加してみよう！

日本でできる国際協力のボランティアもたくさんあります。封入や発送、物品寄付の仕分けといった事務作業から、フェアトレード商品の販売やイベント運営など、さまざまな団体でボランティアを募集しています。自分に合ったボランティアを探してみましょう。また、ボランティアチームを設けている団体もあります。チームに所属して、自分たちでイベントを企画するなどしてみましょう。

＊JANICのウェブサイト：https://www.janic.org/ngo/information/

●シャプラニールのスタディツアーの様子。家事使用人の女の子たちとともに

①国際協力ＮＧＯのボランティア募集

シャプラニールでは、全国から届く切手やはがきといった物品寄付の仕分けなどをするボランティアを随時募集しています。仕分けボランティアのほかにも、学生を中心としたユース・チーム、社会人を中心としたクシクシ倶楽部といった自由に活動をおこなうボランティアチームもあります。

フリー・ザ・チルドレン・ジャパン*では、自分で活動を計画してみたい、プロジェクトの企画からかかわってみたい、仲間とともにアクションを起こしたいというメンバーを募集しています。子どもメンバー（18歳以下）、ユースメンバー（18歳以上）に登録できます。

②ボランティア情報

前述のＪＡＮＩＣや、ヤフー株式会社が運営するウェブサイト*で、日本全国のボランティア情報を掲載しています。地域やボランティアの種類から検索することができるので、自分に合ったボランティアをみつけることができます。

＊フリー・ザ・チルドレン・ジャパン： http://www.ftcj.com/get-involved/member.html

＊Ｙａｈｏｏ！ボランティア： https://volunteer.yahoo.co.jp/

知ること、伝えること、そして行動すること

国際協力に参加する第一歩は「知ること」からはじまります。まずは世界に目を向け、いまなにが起きているのか、困難に立ち向かっている人びとはどんな生活をしているのか、自分たちにできることはなにかを知りましょう。そして、それが自分たちの生活を振り返ることにもつながります。

国際協力は「豊かな人が貧しい人を一方的に支援する」のではなく、そこから私たちが学ぶこともたくさんある双方向の営みです。日本では２０１６年から外国人の家事労働者の受け入れを開始しました。* 家事使用人労働の実体が外からみえにくいのは日本でも同じで、バングラデシュの経験から私たちが学ぶことも多いはずです。

そして新しいことを知ったら、ぜひそれを家族や友だちに伝えてみてください。あなたが1人に伝えることで、新たに知ってくれる人が1人増えます。テレビなどのメディアを通じて一度に多くの人に伝えることも大切ですが、一人ひとりの小さな行動が世界を変えることにつながると私たちは信じています。

＊２０１５年「国家戦略特別区域家事支援外国人受入事業における特定機関に関する指針」が出され、２０１６年3月、外国人の家事労働者（家事ヘルパー）の受け入れが東京都、神奈川県、大阪府で実験的に開始された。家事代行業者を通してスタッフとして派遣され、年齢や能力など一定の基準を満たした人が雇用されている。フィリピン人女性が多く、たたみの掃除の仕方やみそ汁のつくり方など、家事の基本から日本固有の文化まで、3カ月の研修で学んでから来日する。しかし、日本は外国人労働者の滞在期間を一律に規定しているため、3年で帰国する必要がある。

あとがきにかえて

この本は、児童労働や家事使用人問題の構造を理解すると同時に、問題解決に向け現地の人びとや国際協力NGOがどのように取り組んできたのかを、できるだけわかりやすく伝えたいとの思いで執筆しました。企画段階から貴重なアドバイスをいただき、本書の出版を後押ししてくださった合同出版の上村ふきさんには感謝の言葉しかありません。

大学で国際協力を教えるなかで、国連やNGOで働きたい、途上国でソーシャルビジネスに携わりたいといった相談を学生から受けることがあります。日本社会が内向き傾向にあるといわれるなかで、途上国に目を向け、現場に行って学びたい、活動したいと考える「仲間」がたくさんいることを心強く思う一方で、当事者の声や現場で起きていることをリアルに伝えられる書籍が少ないことが悩みの種でした。

本書がその穴埋めにどこまで貢献できたかはわかりませんが、40年以上の長きにわたって現地に駐在員を置き、バングラデシュの貧困と闘ってきたシャプラニールの経験を伝えることで、現場から学びたいと考える人が一人でも多く出てきてくれたら、著者としてこれ以上の喜びはありません。

国際協力はさまざまな国や地域での過去の活動や研究から得られた「理論」

と、対象とする人びとや社会に対する深い「地域理解」から成り立っています。このどちらが欠けてもプロジェクトが成功することはありません。教室での学びはどうしても「理論」に偏りがちですが、まずは現場を歩き、そこに暮らす人びとと膝を突き合わせて話し合うことからはじめることで、「地域理解」が深まり、より現地のニーズに沿った支援ができるのではないかと思います。

本書の構成は、執筆協力者である藤岡恵美子さんが書かれたシャプラニールのブックレット「家事使用人として働く少女たち」に着想を得ました。藤岡さんは、シャプラニールのダッカ事務所長時代から隠れた貧困としての家事使用人問題に着目し、本書の執筆もサポートしてくださいました。本書で扱った内容では、NGOの理論は大橋正明先生に、ベンガル語に関しては丹羽京子先生に、経済学的な記述に関しては庄司匡宏先生に、教育学的な記述に関しては日下部達哉先生にご協力いただきました。記して感謝の意を表します。

また、大阪大学で国際協力研究をご指導いただいた中村安秀先生、内海成治先生、澤村信英先生、石井正子先生、上智大学でご指導いただいた故村井吉敬先生、ヴェリヤト・シリル先生、下川雅嗣先生、バングラデシュ研究をご指導いただいた谷口晋吉先生、臼田雅之先生、外川昌彦先生、高田峰夫先生、下澤嶽先生、アジア経済研究所の村山真弓先生、山形辰史先生からの教えは、私にとってかけがえのない財産であり、本書の知的基盤となっています。

実際の執筆プロセスでは、なにより東京外国語大学大学院のゼミ生で、家事使用人の問題について調査研究を進めている吉川みのりさんの多大な協力を得ました。彼女のベンガル語力や文章校正能力がなければ本書が形になることはありませんでした。多くの時間を本書に注いでくれたこと、大変感謝しています。同じくゼミ生である綿貫竜史さん、高瀬麟太郎さん、大角麻亜紗さんには、現地の最新情報や写真などをご提供いただきました。現地語が堪能で、現場を自分の足で歩くことができるゼミ生を誇りに思います。また、最終校正および写真の選定にあたってはシャプラニール広報グループ統括の須藤心さんに専門家の立場からご助言いただきました。

最後に、長きにわたりご指導いただいている福永正明先生、ペマ・ギャルポ先生、野口豊さん、そしてあたたかい励ましをいつも送りつづけてくれた家族に心から感謝します。妻・裕子と2人の子どもの存在が家事使用人の女の子が直面する問題を考えるうえで、当事者の気持ちに寄り添う原動力となりました。

２０１８年10月　日下部尚徳

おすすめの本

・**『バングラデシュを知るための66章【第3版】』**大橋正明［編著］（明石書店、2017年）
・**『貧しい人を助ける理由――遠くのあの子とあなたのつながり』**デイビッド・ヒューム［著］（日本評論社、2017年）
・**『ファストファッションはなぜ安い？』**伊藤和子［著］（コモンズ、2016年）
・**『学生のためのピース・ノート2』**堀 芳枝［編著］（コモンズ、2015年）
・**『子どもたちにしあわせを運ぶチョコレート。――世界から児童労働をなくす方法』**白木朋子［著］（合同出版、2015年）
・**『信じられない「原価」 買い物で世界を変えるための本 2おもちゃ』**メアリー・コルソン［著］（講談社、2015年）
・**『わたしは13歳、学校に行けずに花嫁になる。――未来をうばわれる2億人の女の子たち』**国際NGOプラン・インターナショナル［著］（合同出版、2014年）
・**『「援助」する前に考えよう――参加型開発とPLAがわかる本』**田中治彦［著］、開発教育協会［編著］（開発教育協会、2014年）
・**『ぼくは12歳、路上で暮らしはじめたわけ。――私には何ができますか？ その悲しみがなくなる日を夢見て』**特定非営利活動法人国境なき子どもたち［編著］（合同出版、2010年）
・**『世界中から人身売買がなくならないのはなぜ？――子どもからおとなまで売り買いされているという真実』**小島 優＋原 由利子［著］（合同出版、2010年）
・**『貧困の克服――アジア発展の鍵は何か』**アマルティア・セン［著］（集英社、2002年）
・**『ムハマド・ユヌス自伝――貧困なき世界をめざす銀行家』**ムハマド・ユヌス［著］（早川書房、1998年）
・**『NGOとボランティアの21世紀』**デビッド・コーテン［著］（学陽書房、1995年）

おすすめの映画

・**『ポバティー・インク――あなたの寄付の不都合な真実』**マイケル・マシスン・ミラー監督（2016年、アメリカ）
・**『スマホの真実――紛争鉱物と環境破壊とのつながり』**中井信介監督（2016年、日本）
・**『ザ・トゥルー・コスト――ファストファッション 真の代償』**アンドリュー・モーガン監督（2015年、アメリカ）
・**『闇の子供たち』**阪本順治監督（2008年、日本）
・**『ブラッド・ダイヤモンド』**エドワード・ズウィック監督（2006年、アメリカ）

特定非営利活動法人 シャプラニール＝市民による海外協力の会

シャプラニールは 1972 年に創立された日本の国際協力 NGO で、バングラデシュの言葉であるベンガル語で「睡蓮の家」という意味です。子どもの権利を守る活動や、災害に強い地域をつくる活動、フェアトレードの 3 つの重点分野を通じて、南アジアで貧困問題の解決に向けて活動しています。

◆1　子どもの権利を守る活動

子どもの権利の中でも成長を阻害する「児童労働」と、健全な発達や社会参加に欠かせない「教育」について、とりわけ行政や NGO の支援から取り残された子どもたちや地域を対象とした活動をおこなっています。

◆2　災害に強い地域をつくる活動

自然災害の発生を止めることはできませんが、日常から減災に取り組むことにより、被害を抑えることはできます。サイクロンや洪水、地震などの災害による被害を軽減する防災活動を行政・コミュニティ・個人レベルで進め、災害に強い地域づくりに取り組んでいます。

◆3　フェアトレードを通じて共生できる社会をつくる活動

フェアトレード部門「クラフトリンク」では、暮らしに息づく伝統や文化、身近にある素材を大切にして、心を込めて作られた手工芸品を日本で販売しています。お買い物を通じて南アジアの生産者の暮らしを支える「いちばん身近な海外協力」です。

【お問い合わせ】

イベントやボランティア情報、会員、寄付など随時募集中です。お気軽にお問い合わせください。

〒 169-8611 東京都新宿区西早稲田 2-3-1

早稲田奉仕園内

TEL：03-3202-7863 ／ FAX：03-3202-4593

公式ウェブサイト：https://www.shaplaneer.org

Shaplaneer since 1972

■著者紹介

日下部尚徳（くさかべ・なおのり）

東京外国語大学講師。岐阜女子大学南アジア研究センター研究員、文京学院大学助教、大妻女子大学専任講師等を経て、現職。高校生の頃からシャプラニールのユースボランティアに参加し、2012年から5年間同会の理事を務める。バングラデシュの社会経済動向や、途上国の貧困、災害問題に関する調査、研究に従事。

[主な著作]

『新世界の社会福祉年鑑―南アジア編』（編著、旬報社、2020年）

『ロヒンギャ問題とは何か―難民になれない難民』（編著、明石書店、2019年）

「バングラデシュとイスラーム」（共著『アジアに生きるイスラーム』イースト・プレス、2018年）

『バングラデシュを知るための66章』（編著、明石書店、2017年）

「脆弱な土地に生きる―バングラデシュのサイクロン防災と命のボーダー」（共著『歴史としてのレジリエンス』京都大学学術出版会、2016年）

「バングラデシュにおけるNGOの活動変遷―援助から社会変革へ」（共著『学生のためのピース・ノート2』コモンズ、2015年）

「NGOと平和構築」（共著『現場〈フィールド〉からの平和構築論―アジア地域の紛争と日本の平和関与』勁草書房、2013年）など。

【執筆協力者】

藤﨑文子（ふじさき・ゆきこ）［第7章の海外活動紹介］

シャプラニール事務局次長

シャプラニールの現地事務所長としてバングラデシュとネパールに駐在。ストリートチルドレンや働く子どもの支援、エスニック・マイノリティや遠隔地に住む子どもたちへの教育支援プロジェクト等に従事。

京井杏奈（きょうい・あんな）［第9章の国内活動紹介］

シャプラニール国内活動グループ統括

大学卒業後、銀行系クレジットカード会社での勤務を経て、2008年より現職。ファンドレイジングをはじめ、日本国内でシャプラニールの活動や国際協力、南アジアについて伝えるイベントやスタディツアーなどの企画に従事。

藤岡恵美子（ふじおか・えみこ）［全体構成、事例等］

シャプラニール副代表理事、ふくしま地球市民発伝所事務局長

2005年～2009年にかけてシャプラニールの現地事務所長としてバングラデシュに駐在。家事使用人として働く少女の支援事業立ち上げに携わる。現在は、ふくしま地球市民発伝所事務局長として、福島原発災害の教訓を海外の人びとに伝える活動に従事。

わたし8歳、職業、家事使用人。
——世界の児童労働者1億5200万人の1人

2018年10月30日　第1刷発行
2022年 1月25日　第3刷発行

著　　者　　日下部尚徳
発 行 者　　坂上美樹
発 行 所　　合同出版株式会社
東京都小金井市関野町1-6-10
郵便番号　184-0001
電話　042（401）2930
振替　00180-9-65422
ホームページ　https://www.godo-shuppan.co.jp/
印刷・製本　　株式会社シナノ

■刊行図書リストを無料進呈いたします。
■落丁・乱丁の際はお取り換えいたします。

ISBN978-4-7726-1362-0　NDC360　210×148